365 Días de Pensamientos Positivos y Afirmaciones Diarias

365 Días de Pensamientos Positivos y Afirmaciones Diarias

Frases Motivacionales en Español para Inspirar y Transformar Tu Día

Mauricio Vasquez

Be.Bull Publishing

365 Días de Pensamientos Positivos y Afirmaciones Diarias por Be.Bull Publishing Group (Aria Capri International Inc.). Todos los derechos reservados.

© Copyright 2024 - Be.Bull Publishing (Aria Capri International Inc.). Todos los derechos reservados.

Se prohíbe la reproducción, copia o transmisión de cualquier parte de este documento, tanto en formato impreso como en electrónico. Queda estrictamente prohibido el registro de esta publicación, así como su almacenamiento, a menos de que se cuente con el permiso escrito y expreso por parte de la editorial. Se permite el uso de citas breves de este libro para fines de reseñas.

Authors:
Be.Bull Publishing
Mauricio Vasquez

First Printing: December 2024

ISBN 978-1-998402-93-9 (Hardcover)
ISBN 978-1-998402-92-2 (E-book)
ISBN 978-1-998402-91-5 (Paperback)

¿No es sorprendente lo rápido que pasa un año? Entre todas nuestras ocupaciones, a menudo parece que no encontramos el momento para detenernos, reflexionar, y conectar con lo que realmente importa. Pero, ¿y si hubiera una manera de dedicar unos instantes cada día a nuestro bienestar, nuestro crecimiento y nuestra felicidad?

Este libro es esa oportunidad. Consta de **365 afirmaciones positivas**, diseñadas para inspirarte y brindarte un espacio donde puedas reflexionar y conectar contigo mismo. Cada día representa una nueva oportunidad para reconectar con tus valores y pensamientos positivos.

¿Por qué un libro de afirmaciones positivas?

Porque las afirmaciones positivas no solo son palabras bonitas; son herramientas poderosas que pueden transformar nuestra manera de pensar y de enfrentarnos a la vida. Cuando dedicamos unos minutos al día para reflexionar sobre estas afirmaciones, logramos:

- **Cambiar nuestra mentalidad**: Hacemos que nuestros pensamientos trabajen a nuestro favor y no en nuestra contra.
- **Construir confianza en nosotros mismos**: Nos recordamos nuestro valor, nuestras capacidades y nuestro potencial.
- **Crear un espacio para la calma y la claridad**: Nos permitimos detenernos, respirar y enfocarnos en lo que realmente importa.

Cada día es un nuevo comienzo, y este libro es tu compañero en este viaje. Las afirmaciones que encontrarás están pensadas para inspirarte, motivarte y ayudarte a construir una mentalidad positiva, mientras te ofrecen espacio para escribir lo que esas palabras significan para ti.

Cómo usar este libro

1. **Lee la afirmación del día:** Déjate inspirar por sus palabras y permite que resuenen contigo.
2. **Reflexiona:** ¿Qué significa esta afirmación en tu vida? ¿Qué emociones o ideas despierta?
3. **Escribe tus pensamientos:** Usa el espacio proporcionado para explorar tus reflexiones, ya sea con frases, párrafos o ideas sueltas.

Este libro está diseñado para adaptarse a ti. Puedes seguirlo día a día, comenzando en cualquier fecha del año, o puedes abrirlo al azar y trabajar con la afirmación que más te llame en ese momento.

Un Año de Crecimiento y Renovación

Al usar este libro, estás eligiendo dedicar tiempo a ti mismo, a tus pensamientos y a tu bienestar. No importa qué desafíos enfrentes o qué metas quieras alcanzar; el simple hecho de comprometerte con este proceso ya es un acto de amor propio y transformación.

Recuerda, no es necesario que todo cambie de un día para otro. Los pequeños pasos que tomes hoy tendrán un gran impacto mañana. Este libro no solo es un conjunto de afirmaciones; es una herramienta para cultivar paz, claridad y propósito. **Comienza hoy mismo. Este es tu camino hacia un yo más fuerte, más claro y más inspirado.**

¡GRACIAS!

Muchas gracias por permitirme ser parte de tu camino hacia el crecimiento personal y la inspiración diaria. Es un honor haber podido aportar algo positivo a tu vida a través de este libro de afirmaciones. Mi mayor deseo es que estas afirmaciones hayan resonado contigo, que te hayan inspirado, y que este espacio para reflexionar te haya ayudado a conectar contigo misma o contigo mismo de una manera más profunda.

Espero que este libro te haya brindado momentos significativos para crecer física, psicológica y espiritualmente. Las palabras tienen un poder transformador, y al tomarte el tiempo de reflexionar sobre estas afirmaciones, has dado un paso hacia un yo más fuerte, claro y seguro.

Un pequeño favor

Este libro es el resultado de mi pasión y esfuerzo personal. No cuento con el apoyo de una gran editorial ni de una estrategia de marketing robusta; escribí y produje este libro de forma independiente. Por eso, te agradeceré mucho si pudieras dejar una reseña en Amazon.

Tu reseña no solo ayudará a que este libro sea más visible para otras personas que también buscan inspiración, sino que también permitirá que otras personas puedan encontrarlo y beneficiarse de su contenido.

Para dejar tu reseña, simplemente escanea el código QR que aparece a continuación. ¡Tu apoyo hace toda la diferencia y significa mucho para mí!

Gracias nuevamente por permitirme ser parte de tu viaje. Estoy seguro de que lo mejor está por venir.

Tabla de contenidos

Prefacio 11
Introducción 13
Capítulo Uno: Enero 15
Capítulo Tres: Marzo 40
Capítulo Cuatro: Abril 53
Capítulo Cinco: Mayo 65
Capítulo Seis: Junio 78
Capítulo Siete: Julio 90
Capítulo Ocho: Agosto 103
Capítulo Nueve: Septiembre 116
Capítulo Diez: Octubre 128
Capítulo Once: Noviembre 141
Capítulo Doce: Diciembre 153
Conclusión 166

Prefacio

Escribí este libro con un propósito sencillo pero poderoso: ofrecerte afirmaciones diarias que te inspiren y te permitan reflexionar profundamente sobre tu vida y tus aspiraciones. Este libro no está limitado a 365 días; el viaje que emprendes aquí puede durar tanto como lo desees. Cada día es una nueva oportunidad para descubrir posibilidades en tu vida, para reflexionar y para crecer.

A través de estas afirmaciones positivas, te invito a explorar preguntas que profundicen tu autoconocimiento y te guíen en tu camino de autosuperación. Algunas de esas preguntas podrían ser:

- ¿Cómo puedo asumir mayor responsabilidad sobre mi vida?
- ¿Qué claridad necesito sobre quién soy y lo que llevo en mi mente y alma?
- ¿Cómo puedo transformarme para mejor cada día?

No soy alguien especial. Lo que puedo ofrecerte es mi experiencia, mi guía, y una invitación a que reflexionemos juntos. Mi intención no es mostrarte un camino único, sino compartir cómo he enfrentado obstáculos, superado debilidades, y aprendido a aceptar los retos diarios como una parte fundamental de mi crecimiento personal.

El Viaje de la Autosuperación

Este camino es un desafío continuo, pero cada obstáculo nos da la oportunidad de crecer y desarrollarnos. Nosotros decidimos si los retos nos detienen o si los enfrentamos para continuar avanzando. Las experiencias difíciles son inevitables y, muchas veces, nos hacen sentir solos. Sin embargo, mi esperanza es que estas afirmaciones diarias te recuerden que no estás solo en este camino. Todos enfrentamos batallas internas, pero también todos tenemos la capacidad de superarlas.

Un Momento de Positividad y Gratitud

Vivimos en un mundo lleno de incertidumbres y desafíos, pero también de oportunidades. Cuando las cosas no salen como esperamos, puede parecer que lo negativo pesa más. Este libro está diseñado para ayudarte a encontrar una razón diaria para agradecer, para conectarte con la positividad y la esperanza, incluso en los momentos difíciles.

Te deseo lo mejor en este viaje. Que cada afirmación te inspire a reflexionar, crecer y descubrir una nueva posibilidad para ti.

Con gratitud,

Mauricio Vasquez

linkedin.com/in/mauriciovasquez

Introducción

¿Cuándo fue la última vez que te diste un momento para reflexionar sobre algo positivo en tu vida? No me refiero a un pensamiento pasajero, sino a un instante de conexión profunda contigo mismo, donde reconoces tu fuerza, tu valor y tus posibilidades. Para muchos de nosotros, estos momentos son escasos, pero cuando los cultivamos, nos transforman.

Este libro es tu compañero para cultivar esos momentos cada día. Contiene **365 afirmaciones positivas**, diseñadas para inspirarte, motivarte y ayudarte a reflexionar sobre las áreas más significativas de tu vida. No se trata de un año limitado, sino de una experiencia continua, donde cada afirmación es una semilla que puedes hacer crecer.

Por qué las afirmaciones son tan poderosas

La ciencia lo confirma: los pensamientos positivos tienen un impacto significativo en nuestra percepción, emociones y decisiones. Estas afirmaciones están diseñadas para ayudarte a:

- **Reforzar tu confianza personal:** Reconocer tu propio valor y tus capacidades.
- **Redefinir tus pensamientos:** Transformar las ideas negativas en impulsos positivos para avanzar.
- **Crear claridad y enfoque:** Encontrar momentos de calma en un mundo lleno de distracciones.

Nuestra mente, a veces, se pierde entre las influencias externas y las dudas internas. Este libro está aquí para ayudarte a centrarte, para recordarte que la claridad y la fuerza vienen desde dentro.

Cómo usar este libro

Cada día, encontrarás una afirmación positiva que te invitará a reflexionar. Junto a ella, tendrás espacio para escribir tus pensamientos, ideas y aprendizajes. Este es un proceso libre, adaptable a tus necesidades y a lo que mejor resuene contigo. Puedes seguirlo día a día o elegir las afirmaciones según lo que necesites en un momento específico.

Un Viaje de Transformación

La vida es un viaje lleno de retos, pero también de oportunidades. Cada obstáculo que enfrentas es una invitación a crecer, y cada afirmación de este libro es un recordatorio de que tienes la fuerza para superarlo.

El proceso de transformación no es inmediato; toma tiempo, paciencia y dedicación. Pero, al comprometerte con este camino, verás cómo cada día se convierte en una oportunidad para descubrir algo nuevo sobre ti mismo, para fortalecer tus pensamientos y para crear una vida más alineada con tus sueños y valores.

Espacio para Reflexión

Este libro no solo te ofrece afirmaciones, sino también el espacio para reflexionar sobre ellas. Escribe tus ideas, emociones, y cómo estas frases adquieren sentido en tu vida. Este acto de escribir no es solo un ejercicio; es una forma de conectarte contigo mismo, de observar tu crecimiento y de dar forma a tu propia historia.

Tu Camino, Tu Tiempo

El crecimiento personal no tiene un punto final ni una fecha límite. Donde estés hoy es el punto de partida para un viaje continuo. No importa cuándo comiences este libro; lo importante es que des el primer paso. Tómate un momento cada día para reflexionar, y descubrirás que las afirmaciones no solo transforman tu día, sino también tu perspectiva y tu vida.

Capítulo Uno: Enero

Comúnmente, enero es el mes en el que puedo reiniciar desde cero y mirar hacia delante, hacia al año que me espera. El significado original del nombre del mes llama la atención sobre algo que suele pasarse por alto. *January*, enero en inglés, proviene del nombre del dios romano, *Janus*. Janus poseía dos caras; la primera miraba delante, la segunda miraba hacia atrás. El significado detrás de estas características aludía a dos cosas: es igual de importante mirar al futuro y prepararse para el camino faltante, que echar un vistazo al pasado para reflexionar acerca del trecho que se ha recorrido.

Aunque es importante proponerse propósitos para cada año nuevo, tal vez, en estos momentos, yo deseo enfocarme *en mí mismo* y aprovechar los meses que me esperan para inspirarme e ir mejorando poco a poco. La meta bien vale la pena, y además el crecimiento personal que experimentaré a lo largo del camino será alentador.

Todo comienza aquí, con mi primer día...

01 DE ENERO

Confiaré en que poseo la fuerza necesaria para asumir los riesgos y para enfrentarme a los desafíos que me esperan. La confianza se trata de que yo crea, de una manera optimista y realista, en mi potencial verdadero e intrínseco; ambos, tanto los potenciales alcanzados y los que están por alcanzarse.

02 DE ENERO

Mi viaje gira en torno a aprender lo más que pueda acerca de mi crecimiento y desarrollo personal. El aprendizaje es donde mi progreso comienza; donde aprendo sobre mí mismo y sobre el mundo que me rodea.

03 DE ENERO

Cada reto al que me enfrento a lo largo de mi vida es una oportunidad de aprendizaje, y una oportunidad para crecer y para que mi vida adquiera más sentido. El propósito de mi vida es algo mucho más grande que yo—va más allá de mis necesidades—es aquello que hará que yo actúe. Es mi razón contundente para vivir y moverme en este mundo.

04 DE ENERO

Mis fortalezas y dones me pertenecen; me ayudarán en la creación de una vida con más propósito. Mis fortalezas son los activos a los que puedo acceder en tiempos difíciles y son el origen de mi resiliencia.

05 DE ENERO

La forma en la que yo elija comenzar mi mañana puede brindarme las herramientas necesarias para conquistar mi día. El cómo yo decida comenzar el día dictará cómo se desarrollará el resto, y también me alejará o acercará a los objetivos que me haya propuesto para el día.

06 DE ENERO

No permitiré que las opiniones ajenas sobre mí dicten cómo debo vivir mi vida. Mi independencia hace crecer mi autovalía y mi autoestima.

07 DE ENERO

Las metas que me proponga hoy irán modelando a mi futuro yo. Que yo cumpla con mis metas, es así como mis sueños se vuelven realidad.

08 DE ENERO

Mantener una mentalidad saludable contribuirá al entendimiento, tanto de mis posibilidades, como de mis limitaciones. Una mentalidad saludable significa que elijo buscar soluciones en lugar de enfocarme en mis problemas. Tener una mentalidad saludable conlleva ser capaz de aprender de mis errores.

09 DE ENERO

Entre más intencionado sea yo, entre más coherente sea en mis valores, más receptivo a la realización y a la satisfacción me volveré. Mis valores personales son un elemento central para la persona que soy y que aspiro ser.

10 DE ENERO

Conocerme a mí mismo significa que comprendo individualmente cada una de mis fortalezas, y que conozco la forma en la que pueden trabajar juntas en conexión para continuar en el camino de mi superación. Mis fortalezas incluyen mis conocimientos, atributos, destrezas y talentos destacados.

11 DE ENERO

Mientras más auténtico sea conmigo mismo, más autenticidad reflejaré en mis expresiones y en el modo en el cual me relaciono con los demás.

12 DE ENERO

Aún si me encuentro en mitad de un desafío, me esforzaré por percibir al mundo como un lugar esperanzador. Lo veré como un sitio lleno de sentido de propósito y de posibilidades.

13 DE ENERO

Incluso aunque no siempre resulte tarea fácil, me daré permiso para aprender por medio de mis errores. Las lecciones de vida más importantes que jamás aprenderé me las enseñarán mis malas decisiones.

14 DE ENERO

Entender mi realidad y conocer qué es lo que funciona o no funciona mejor para mí es un aspecto esencial para tomar en cuenta a la hora de fijarme mis metas. Fijaré metas para mí mismo, no para cumplir con las expectativas de los demás. Mis metas deben cimentarse en mi visión y en mi sentido de propósito.

15 DE ENERO

Mi vida no se define tan solo por un instante o una experiencia. Soy más que aquello que me ha pasado, y tengo el control sobre mi futuro.

16 DE ENERO

Cualquier cambio que yo, intencionalmente, esté manifestando, tendrá su origen en un estado de consciencia. Estar consciente se trata de reconocer el momento presente, y de saber en dónde me encuentro justo ahora.

17 DE ENERO

Encontraré la valentía para aventurarme fuera de mi zona de confort porque entiendo que dicha valentía proviene de la fe en mí mismo. Salir de mi zona de confort me ayuda a vivir al máximo la vida, a madurar, y a crecer como individuo.

18 DE ENERO

En la vida, mis decisiones van trazando un mapa que refleja y muestra mis valores. Este mapa me ayudará a aprender más acerca de mí mismo, de lo que me importa, y de lo que en verdad me impulsa.

19 DE ENERO

No permitiré que los "y si" y los "si, pero" detengan a los cambios que yo decida poner en práctica. Las creencias limitantes son esos pensamientos y opiniones, los cuales yo asumo como verdades, pero que me afectan de manera negativa porque impiden que siga hacia delante.

20 DE ENERO

Una visión realista de mis capacidades es aquello que disparará el nacimiento de una confianza optimista dirigida a mí mismo y a lo que puedo hacer. Mis capacidades son las destrezas y habilidades destacadas por medio de las cuales aporto al mundo como persona, estudiante y profesional.

21 DE ENERO

Me conviene muchísimo escuchar más y formular mejores preguntas. Las preguntas dan vida al conocimiento, y ambas enriquecen mi vida. Cuando haga todas estas cosas, seré distinto y mejor.

22 DE ENERO

Es esencial que mis relaciones interpersonales se basen en la colaboración. Mi vida está compuesta por las contribuciones de muchos, no solo por las mías. Cuando acepte este hecho de corazón, descubriré nuevos aspectos de mí mismo de los que antes no tenía conocimiento.

23 DE ENERO

Mi experiencia de vida incluye el disfrute y la realización personal. En las cosas que hago y aprendo, en lo que amo hacer, es donde reside mi disfrute. La calidad de la persona en la que estoy convirtiéndome y mis aportaciones al mundo; esta es mi realización personal.

24 DE ENERO

Soy responsable de cualquier meta que logre o no logre alcanzar en esta vida. Me haré responsable y celebraré mis victorias cuando gane, y abrazaré los aprendizajes cuando pierda. La negación no tiene cabida en mi vida.

25 DE ENERO

No permitiré que los eventos que ocurren a mi alrededor se hagan con el control de lo que sucede en mi vida. Mi entorno no define, controla ni dicta quién soy. Asumo la responsabilidad de todas aquellas cosas que dependan de mí, de sus resultados y sus consecuencias.

26 DE ENERO

El poder reside en mi interior. Aprenderé a acceder a ese poder para volverme alguien más intencionado, más comprometido, ¡para inspirarme a la acción!

27 DE ENERO

Cuando me desafíe a mí mismo, no lo haré solo por hacerlo. Lo haré con un propósito en mente y aprovecharé mis capacidades para potenciar mis respuestas a los retos.

28 DE ENERO

Vivir una vida con propósito es una elección que yo escojo y escogeré cada día. Haré de esta elección mi fuente de energía, mi brújula, y mi decisión para moldear mi vida. Vivir una vida con propósito consiste en encaminarse en dirección a una gran meta que se alinea con mis valores y pasiones, y que me hace feliz.

29 DE ENERO

El mejor modo con el cual puedo lograr mis metas y alcanzar mis sueños, es por medio del compromiso con mis convicciones, mis acciones y mis decisiones. Lograré lo que me proponga si cada día me aferro a eso que me he comprometido.

30 DE ENERO

El mundo está plagado de limitaciones. Por tal razón, yo no las impondré en mí mismo; en su lugar, por mí y por mis seres queridos, elegiré ver al máximo el potencial que yo tengo. Mis limitaciones no serán el punto de quiebre objetivo; serán simplemente lo que yo designe como el límite.

31 DE ENERO

Desde el momento que despierto hasta el momento en el que duermo, la vida se basa en mis decisiones. Me esforzaré por tomar las mejores decisiones para mi crecimiento, y las usaré para transformarme en la mejor versión de mí. Cada decisión cuenta para mi avance o para mi retroceso.

Cada mes tendré un espacio de repaso para todas las inspiraciones que encontré en dicho mes, para estudiar mis progresos, o para analizar aquellas áreas que aún requieran cambios. En este espacio puedo comentar mis pensamientos, resumir los eventos del mes o listar qué efecto tuvieron esos momentos diarios conmigo mismo.

Como siempre, aspiro a ser lo mejor de lo mejor, y por eso los momentos de reflexión pueden convertirse en los espacios más inspiradores.

Reflexión mensual

¿Qué significó este último mes para mí?

¿Cuál inspiración diaria fue la que más resonó conmigo?

Este mes aprendí...

Capítulo Dos: Febrero

Febrero puede ser un mes que no lleva la misma notoriedad que enero, ya que este mes se lleva toda la atención debido a los nuevos propósitos para el año nuevo. Febrero tiene algo así como mala fama; además de ser el mes más corto del año, algunas personas no saben deletrearlo y terminan frustradas. Por todo esto, continuar avanzando con el mismo impulso de enero puede volverse complicado.

Tiene que haber alguna otra forma de disfrutar de un mes tan fantástico como solo febrero puede serlo, ¿verdad?

Me sacudo esa vieja actitud y me aventuro en este próximo mes con una mentalidad positiva y con la convicción de que febrero puede ser aún más increíble que enero. Cuento con espacio para reflexionar, y también, conforme vaya progresando, tendré oportunidades para recordar y analizar hacia dónde quiero ir. Es el mes de San Valentín, Julio César y el esquivo día bisiesto.

Continúo con mi mentalidad abierta a las posibilidades y las nuevas perspectivas, para que así cada mes se transforme en una oportunidad para volverme mejor de lo que ya era.

01 DE FEBRERO

Mantendré presente mi mentalidad de vivir con un propósito, recordando que las cosas en mi vida suceden para mí, y no en mi contra. Lo primero me llevará por un camino de crecimiento profundo, aprendizaje y sanación. Y lo segundo me conducirá por el sendero de la victimización y el martirio.

02 DE FEBRERO

Las elecciones son la piedra angular de lo que me mantiene en pie. En mi humanidad reside la libertad y la responsabilidad que conlleva ese tipo de elección. Me esforzaré cada día en apreciar totalmente ese hecho. Hacer una elección no solo es elegir una de las opciones disponibles; también consiste en crear nuevas alternativas.

03 DE FEBRERO

La vida no solo gira en torno a mí; a mi alrededor existe un mundo rico en perspectivas diferentes y válidas. Saber apreciarlo y aprovecharlo para mi crecimiento es parte importante de mi proceso. Puedo ser fiel a mis convicciones, y al mismo tiempo, aprender de las perspectivas de vida de otros.

04 DE FEBRERO

Mi aprendizaje es mi responsabilidad. Yo debo aprovechar las oportunidades de aprendizaje, mientras que me mantengo íntegro y auténtico a mi mismo. El aprendizaje me llevará a la adaptación, y me permitirá sobrevivir y prosperar en esta nueva era.

05 DE FEBRERO

El estar dispuesto a asumir la responsabilidad es una de las características más importantes del cambio. Hacerme responsable achica la distancia entre mis intenciones y las acciones que efectúo. Si no me hago responsable, no desarrollaré mi potencial al máximo.

06 DE FEBRERO

No permitiré que las situaciones dicten cuáles serán las elecciones que tomaré. En su lugar, tomaré la iniciativa y actuaré para pavimentar mi camino con decisiones basadas en lo que sea mejor para mí y para mi futuro.

07 DE FEBRERO

Entre más me familiarice con el entendimiento de mi propósito y misión en esta tierra, más plena será mi vida. Mi propósito es como mi brújula guía. Me esforzaré en aprender y evolucionar, para así lograr que toda experiencia vivida sea tan satisfactoria como sea posible.

08 DE FEBRERO

En la vida, allí donde enfoco mi atención es donde experimento un mayor progreso y crecimiento. Me esforzaré en practicar un equilibrio dentro del ámbito de mi trabajo, mi hogar y mis relaciones interpersonales, y extenderé así a dichas áreas los efectos de mi crecimiento para que mi vida florezca.

09 DE FEBRERO

La curiosidad no tiene por qué ser un aspecto negativo de mi persona. Mi curiosidad puede ser esa fuerza que guíe mi atención, mis deseos por explorar, los riesgos que estoy dispuesto a correr y el conocimiento al que doy la bienvenida. Aprenderé a alimentar mi curiosidad con mis experiencias, y de allí, a mi proceso y crecimiento.

10 DE FEBRERO

Mi nivel de consciencia sobre mí mismo y sobre el mundo que me rodea son elementos fundamentales para el desarrollo de la persona que soy y seré. Vivir de manera consciente me permite expandir mis experiencias, actuar de manera más certera y confiar en que el camino me lleva en la dirección correcta.

11 DE FEBRERO

Las experiencias de aquellos que me rodean no solo son válidas, también son excelentes medios para aprender acerca de las perspectivas de otros. En lugar de dejar que mi experiencia los perciba como un obstáculo, continuaré aprendiendo de sus consejos, conocimientos y trasfondos. Aprender de los errores y éxitos de otras personas es una estrategia eficaz con la que yo puedo ayudarme a resolver por mi cuenta las cosas.

12 DE FEBRERO

Yo voy a mi ritmo y no permito que el mundo me imponga el suyo. Me daré el tiempo para reflexionar, aceptar y asimilar los aprendizajes. No permitiré que me hagan sentir culpable por querer priorizar mi crecimiento y salud antes que al deber-ser de las expectativas ajenas sobre la vida.

13 DE FEBRERO

Mi vida no solo consiste en elegir entre lo que está disponible; también significa ponerse nuevas metas, abrir nuevos caminos y vivir nuevas experiencias. Mi vida no es espectacular por lo que hago, lo es por quién soy mientras lo hago. La persona en la que estoy convirtiéndome encontrará alternativas para mí, y no simplemente se contentará con lo que ya está ahí.

14 DE FEBRERO

El amor no es un estorbo ni algo que me detenga. Soy quien soy gracias al amor que he recibido, y por eso, hoy puedo retribuir ese amor a los demás. La vida no es solo conocimiento y experiencia, también se trata del amor; para otros, para mí mismo, y para el camino.

15 DE FEBRERO

Con mi actitud puedo mejorar o empeorar mi situación. Si mi actitud no está a la altura, la situación no mejorará solo porque sí. A partir de este momento tomaré nota de cuál es mi mentalidad; analizaré cómo afecta a mi actitud e identificaré si me conduce al éxito o al conflicto. Al asumir mi responsabilidad por los resultados, afianzaré mi control sobre mi vida.

16 DE FEBRERO

Ser honesto al respecto de mis fortalezas y dones forma parte de entender quién soy yo. Al darme ánimos y elegir verme con buenos ojos, aprenderé a apreciar a todas las partes que conforman a la persona que soy, y que seré.

17 DE FEBRERO

Mis fortalezas no se desarrollan ni acrecientan por sí solas. Es mi responsabilidad identificarlas, perfeccionarlas, valorarlas, y también aprender todo lo que pueda sobre ellas. Entre más conozca mis fortalezas, mejor las aprovecharé durante esta travesía.

18 DE FEBRERO

Mi propósito no es lo que voy haciendo, sino quién estoy siendo. Entender mi propósito y sentido en la vida no es cosa de un solo instante, es una conversación continua. Aunque cada día yo añado más diálogos, el libreto nunca está terminado del todo. Es necesario que yo sea decidido y dinámico en mi actuar.

19 DE FEBRERO

El autocuidado merece ser una prioridad en mi vida. Mi bienestar dependerá de cuánto equilibrio exista entre mi estado mental, físico y emocional. El equilibrio no existirá dentro de mí, a menos que reconozca la importancia de prestarle atención a cada aspecto de mi bienestar.

20 DE FEBRERO

Las acciones que efectúo durante mi vida se merecen la excelencia. Me dejaré guiar por mi deseo de comprometerme a llevar la excelencia a todo lo que haga. Cada día es una oportunidad de dar lo mejor de mí al mundo. Dar lo mejor de mí significa que jamás dejaré de intentarlo.

21 DE FEBRERO

Aprenderé a confiar en mi intuición, por medio de una regla de tres: escucho mis sensaciones, las comunico a la existencia, y confío en que lleguen a ser. Soy capaz de construir esta fe en mí mismo.

22 DE FEBRERO

La positividad que puedo aportar al mundo no cabe tan solo en un aspecto de mi vida. Me comprometeré a ser un agente del cambio a nivel positivo en todas mis conversaciones y relaciones interpersonales.

23 DE FEBRERO

Soy consciente de que mi vida no solo tiene impacto en mí. La influencia que yo pueda ejercer debe ser saludable y positiva. Como comienza conmigo y va desplegándose hacia fuera, es mi responsabilidad ser cuidadoso al ejercer mi influencia.

24 DE FEBRERO

Mis supuestos están ahí para ser cuestionados, y que sea así hace que me sitúe mejor en la realidad. No permitiré que esas suposiciones se conviertan en mi mentalidad; en lugar de eso, seré objetivo y metódico a la hora de poner a prueba la verdad de mis suposiciones.

25 DE FEBRERO

Día a día, soy un agente del cambio. Voy lográndolo a través de mi ambición, mis ganas de ser mejor, mi capacidad para el autoarranque y para hacerme cargo de mí. Estos rasgos míos son las herramientas con las que trazaré la ruta hacia mis objetivos.

26 DE FEBRERO

Mi positivismo y optimismo facilitarán que aproveche al máximo cualquier situación en la que me vea envuelto. Si persisto con esas actitudes, estaré encaminándome hacia el éxito y a tener un impacto positivo. El optimismo será mi escudo contra la tristeza y la ansiedad.

27 DE FEBRERO

Cuando me concedo a mí mismo el tiempo y la libertad para reflexionar sobre las cosas que he aprendido, me abro a nuevas dimensiones de aprendizaje. Cuando me analice, evitaré los juicios, dejaré fuera a la negatividad y comenzaré a trabajar en lo que descubra sobre mí mismo.

28 DE FEBRERO

Cuando descubra nuevas cosas en mí que necesiten de una mejora, me apalancaré de la situación para usarla a mi favor. Todos esos momentos son oportunidades para que yo analice mis opciones, mi estado actual y mi posible curso de acción.

29 DE FEBRERO (AÑO BISIESTO)

Aún con la opinión del mundo en mi contra, en cuanto reconozca cuál es mi ritmo personal de vida, lo usaré en mi beneficio. Bajar la intensidad o tomar un descanso es esencial para recuperarme del ajetreo de mi trabajo y mis responsabilidades. Mi progreso se verá potenciado por esto, y se volverá la razón para volver realidad mis sueños.

Reflexión mensual

¿Qué significó este último mes para mí?

¿Cuál inspiración diaria fue la que más resonó conmigo?

Este mes aprendí...

Capítulo Tres: Marzo

Esta travesía entera que hago a través de la inspiración diaria tiene todo que ver con revitalizarme y renovarme a mí mismo. Tratándose del mes de marzo, ¿de casualidad estaba enterado de que marzo, antes, solía ser el primer mes del año—y que lo fue hasta épocas tan tardías como el año de 1750? En lugar de tomar este dato como un mero hecho histórico, lo aplicaré para arrancar un nuevo inicio de año. A enero, y a veces también a diciembre, se lo ve como el mes dedicado a las reflexiones, pero eso de reflexionar es algo que también puedo hacer aquí y ahora.

¿Cuántas veces he vivido el mes de marzo, y he sentido una chispa? Es importante que no dejemos que ninguno de estos momentos caiga en lo rutinario o cotidiano. Si bien el mundo no suele darle a marzo el crédito que se merece, se podría pensar que, habiendo sido nombrado en honor al dios romano de la guerra, al menos vendría bien tenerle un poco más de respeto.

En este periodo en el que la primavera y los nuevos inicios florecen, seguiré construyendo mi camino a lo largo de este mes. Cada día, abrazaré la inspiración y recordaré que los nuevos comienzos pueden ocurrir en cualquier momento.

01 DE MARZO

Ser una persona consciente significa que reconozco tanto lo bueno como lo malo. Usaré mi ser consciente para potenciar mis fortalezas y trabajar en mis debilidades. Reconocer las áreas de mí que necesitan de mejoras no me hace más débil.

02 DE MARZO

Mi propósito no solo tiene que ver conmigo. La satisfacción viene cuando mi propósito me abarca a mí y va más allá que yo mismo. Mi propósito guarda relación con cómo yo me muestro al mundo, y como yo soy con la gente que me rodea.

03 DE MARZO

Estoy aprendiendo a negarme a la necesidad de querer quedar bien aun cuando hacerlo resulta perjudicial para mí. También trabajaré en eliminar la necesidad que querer tener siempre la razón. Estas dos necesidades se interponen en mi camino y lo entorpecen.

04 DE MARZO

Los dones y las fortalezas que dentro de mí residen son únicos debido a mi experiencia. Si me enfoco en desarrollar mis fortalezas, puedo crecer más rápido que si me enfoco en mejorar mis debilidades. Cada día me comprometeré a hacer uso de ellas para crear una vida con sentido.

05 DE MARZO

Mi propósito es más grande de lo que imagino. No está limitado a una estrategia o a una meta; es una entidad viva y cambiante. Ir en su búsqueda atraerá estrategias y metas con sentido, pero ninguna de ellas dictará cuál es mi propósito. Lo trataré como lo que es; algo fundamental para mi existencia.

06 DE MARZO

Seré más consciente del trato y respuesta que doy a mis emociones. No son mis enemigas, ni tampoco perjudiciales para mi camino. Aprenderé a entender y hacer uso de mis emociones como información positiva. Mis emociones me ayudarán a identificar entre aquello que necesito y aquello que quiero (y lo que no).

07 DE MARZO

Me enfocaré en lo que ocurre ahora. Mi presente es donde puedo cambiar las cosas. Aprenderé de mi pasado y trabajaré para mi futuro—pero viviré en el presente.

08 DE MARZO

No existe tal cosa como el momento en el que todo está perdido. Si bien en algunas situaciones puede darse que yo no pueda actuar o cambiar la situación, sí puedo ayudarme a mí mismo y a otros mientras tanto. Que no pueda hacer lo que a mí me gustaría hacer no significa que no pueda mejorar la situación.

09 DE MARZO

No puedo controlarlo todo. Acepto que habrá momentos en los que sucedan cosas y yo no tendré ningún control sobre eso. Y aún con que no sea capaz de controlarlo todo, sí que puedo controlar mi reacción a la situación. Eso es poder en sí mismo, y trabajaré para reconocerlo como tal.

10 DE MARZO

No asumiré que yo lo estoy haciendo todo bien. Al tomarme el tiempo para analizarme, me aseguraré de prestar atención a lo necesario. Es mi responsabilidad asegurarme de que mi enfoque se encuentra puesto en esas partes esenciales de mi vida que se encuentran bajo mi control. No desperdiciaré más energía en las cosas que no puedo cambiar ni manejar.

11 DE MARZO

Me tomaré en serio mis responsabilidades. En todo lo que haga, me esforzaré por dar lo mejor de mí. Mi inventiva y autenticidad son herramientas que puedo usar para mi beneficio. Cuando permito que las mejores partes de mí mismo trabajen juntas, puedo lograr un cambio real.

12 DE MARZO

El autocuidado es vital en mi vida. Cuando no estoy al cien por ciento, corro el riesgo de no ser capaz de rendir a mi máximo. El estado de mi ser y bienestar tienen un efecto en mi mentalidad y mis capacidades. Haré mucho mejor el identificar y aceptar el momento en el que mi autocuidado necesite volverse más una prioridad de mi vida.

13 DE MARZO

Mis metas, sean grandes o pequeñas, dependen de mi motivación para volverse realidades. Usaré a mis metas pequeñas como ladrillos para construir a las más significativas. Mis metas más pequeñas las mantendré sencillas y alcanzables para que así, cuando las logre, pueda experimentar la motivación que dan las pequeñas victorias.

14 DE MARZO

Mis metas están ahí para ayudarme a progresar en mi vida y mi propósito. No existen para darme una razón para quebrarme. Si no logro alguna meta, no significa que yo sea un fracaso. Mi calidad personal no se mide por la cantidad de metas que me pongo y alcanzo. Mi calidad como persona se mide en la diferencia que hay entre la persona que era, y la que soy ahora. Si he mejorado, entonces he tenido éxito.

15 DE MARZO

Para crecer como persona, debo aprender a hacer a un lado lo que pienso que sé, y reemplazarlo con lo que realmente sé. Aferrarme a viejas maneras de pensar solo me apartará del nuevo conocimiento que busco.

16 DE MARZO

Puedo iniciar el proceso de acrecentar la sabiduría en mi vida cuando yo quiera. El primer paso ya está dado cuando siento que tengo más preguntas que respuestas. En ocasiones, las preguntas son más importantes que las respuestas.

17 DE MARZO

El lugar en el que me encuentro ahora no es el fin del viaje. Soy un proyecto en evolución, y no me juzgo a mí mismo por serlo. Continuaré adaptándome y evolucionando conforme progrese en mi vida, jamás seré un producto terminado.

18 DE MARZO

Si bien es crucial que escuche las autocríticas constructivas, no permitiré que mi crítico interior me domine. Seré consciente de la diferencia entre un consejo y un juicio, en especial cuando se trate de mí. No aceptaré convertirme en juez, jurado ni verdugo de mí mismo.

19 DE MARZO

Cuando tengo claros mis compromisos y responsabilidades, eso me ayuda mucho a la hora de dejarme guiar por mi propósito. Comprendo que vivir de manera intencionada irá dando dirección a mi vida. Vivir intencionadamente se trata de establecer límites saludables.

20 DE MARZO

Mis puntos fuertes pueden impulsar mis responsabilidades. Cuando aprenda a combinarlas a las dos y las deje trabajar a cada una por la otra, estaré contribuyendo a mi bienestar integral. Me enfocaré en hacer lo correcto, de la manera correcta.

21 DE MARZO

No me propondré metas solo porque sí. Las metas con sentido que vaya alcanzando por medio de una vida con intención me llevarán a sentirme satisfecho de haber progresado. Si mis metas tienen sentido, es más probable que pueda permanecer motivado y que logre mis objetivos.

22 DE MARZO

En mi vida, muchas cosas son positivas y contribuyen a mi crecimiento; el miedo y la ansiedad no entran en esa categoría. Tampoco aportan al aprendizaje productivo y únicamente serán un lastre. No me dejaré limitar por lo que es negativo, pues elegiré un mejor enfoque para mi atención.

23 DE MARZO

Mi consciencia es una de las herramientas principales para poder encontrar y comprender mi propósito. Cuando reconozca y acepte ese hecho por medio de la reflexión y la auto indagación, mejor preparado estaré para un camino de excelencia, y para un sentido más profundo en mi trabajo y vida.

24 DE MARZO

Así como tengo el poder de decidir, también debo asumir la responsabilidad que conlleva tal libertad. La elección podrá haber sido mía, pero eso no quita que habrá consecuencias derivadas de ello—éstas pueden ser tanto positivas como negativas. Mientras más vaya resonando con este hecho, más prudentes serán mis elecciones.

25 DE MARZO

En un mundo caótico, mis principios son aquello que puede anclarme a la realidad y a mi camino. Al resonar con esas verdades, me encamino hacia una vida más saludable y lograda. Mis principios son las reglas morales o convicciones que influirán en mis acciones y me ayudarán a distinguir entre lo que es correcto y lo que no lo es.

6 DE MARZO

Acepto y reconozco la enorme importancia de prestarle atención a los detalles. Al permitirme notar con gran cuidado aquellos detalles que usualmente pasan desapercibidos en mi vida, soy capaz de alcanzar un entendimiento más amplio y profundo sobre mi realidad. Mi realidad se compone por la suma de los detalles que percibo y no percibo.

27 DE MARZO

Si bien comprendo que no todas las situaciones podrán arreglarse, a la vez también reconozco que cada situación es manejable. Cuando me tome el tiempo para analizar posibles soluciones, seré capaz de trabajar en el problema y no solo asumiré que es imposible arreglarlo.

28 DE MARZO

Cada día, me esforzaré en la creación de un mundo en el que haya libertad y seguridad para cada persona. No lo haré únicamente a través de mis acciones, también lo haré por medio de mi mentalidad y mi actitud—incluso durante los momentos difíciles.

29 DE MARZO

Soy consciente de que en la vida surgirán desafíos. Estoy dispuesto a correr riesgos y a tomar decisiones difíciles para superar esos retos. Aun cuando no sea fácil, me esforzaré por salir victorioso de las pruebas y dificultades.

30 DE MARZO

La vida no puede verse con un único punto de vista. Cuando pueda mirar desde distintas perspectivas, seré capaz de introducir sabiduría a las cuestiones y problemas que me enfrenten. Allí, gracias a las numerosas perspectivas a las que puedo acceder, sintonizo mejor a mi sabiduría.

31 DE MARZO

Las cosas buenas de la vida no suceden por casualidad. Para que en mi vida yo obtenga resultados consistentes, positivos y productivos, debo hacer bien tres cosas; prepararme, actuar, y dar seguimiento. Cuando me comprometa a seguir todos y cada uno de estos pasos, estaré fraguando un éxito continuo.

Reflexión mensual

¿Qué significó este último mes para mí?

¿Cuál inspiración diaria fue la que más resonó conmigo?

Este mes aprendí...

Capítulo Cuatro: Abril

¡Como en este mes se celebran tantas festividades, vivirlo se parece a cuando abres una caja llena de bocadillos y sorpresas variadas! Tienes un día dedicado a las bromas, otro a celebrar a los árboles, y por supuesto que no puedes olvidarte de la Pascua, y tampoco del día de la Tierra. Sí, suena ambicioso eso de festejar tantas festividades en un solo mes, ¡pero abril puede con todo e incluso lo hace de un modo elegante!

Con tanta cosa ocurriendo en abril, podría parecer tarea complicada encontrar una temática, pero verás, con cada día y evento especial, se destaca un ideal que es fundamental: el *amor*. Para comprobarlo basta con analizar el nombre de abril. Fue nombrado así en honor de la diosa Afrodita, a quien también se la consideraba como la manifestación encarnada del amor. La primavera trae consigo un sentimiento de revitalización y renovación, pero también hace que "respires" un nuevo amor a lo largo del mes. Y si a eso le agregas que la gema de nacimiento de este mes es el diamante, queda clarísimo que abril es el mes que pone al amor por encima de todo.

¡Usemos cada día como una nueva oportunidad para aprender más acerca del amor, y de cómo podemos demostrarlo a nosotros mismos, y a los demás!

01 DE ABRIL

Soy consciente del impacto que tienen mis acciones en mi travesía, ya sea tanto para impulsarla como para estancarla. Cuando vivo con actitud consciente, mis acciones, además de demostrar mis verdaderas intenciones, me preparan para el éxito.

02 DE ABRIL

Ser flexible, en especial durante los momentos difíciles, facilitará que yo prospere sin que importe lo que ocurra a mi alrededor. Yo puedo permanecer funcional en una gran variedad de contextos y situaciones. Entre más capacidad de adaptación tenga, más me superaré.

03 DE ABRIL

Permitiré que sean mis valores y mis principios quienes dicten el curso de mis acciones, en lugar de ceder ese poder a influencias externas. Cuando mis convicciones y mi ética resuenan con la realidad y la verdad, puedo confiar en que me llevarán en la dirección correcta. Aprender a ser coherente a la hora de escoger mis principios es una de las lecciones más valiosas que puedo aprender.

04 DE ABRIL

Vivir una vida plena significa que comprendo que el aprendizaje no termina. Haré un esfuerzo para asegurarme de que mi deseo de aprendizaje nunca disminuya, y para siempre encontrar maneras con las que pueda mejorar mi forma de aprender. Dedicarme a mi autoeducación demuestra fe en mí mismo.

05 DE ABRIL

Como las oportunidades en la vida no se me entregarán en bandeja de plata, yo tendré bien abiertos los ojos para identificarlas. Soy consciente de que, al abrir los ojos para poder identificar esas oportunidades, mi crecimiento personal también se verá incrementado de manera exponencial. El primer paso hacia una vida más prometedora está en volverme más consciente del entorno que me rodea.

06 DE ABRIL

Los cometidos que yo me proponga cumplir, así como los que contribuyan a mi autosuperación, son necesarios, importantes, y merecen mi atención. Me esforzaré en ser disciplinado, de manera que pueda seguir cumpliendo con mis cometidos y desarrollándome como persona.

07 DE ABRIL

En mi vida, cada experiencia es una nueva oportunidad de aprendizaje y crecimiento. Yo disfrutaré y gozaré de lo positivo, pero también ganaré sabiduría y perspectiva de los resultados negativos. Cuando todo lo percibo como una oportunidad para mi aprendizaje, puedo superar cualquier situación. Como en la vida hay altas y bajas, resulta valioso ser capaz de ver el valor en todas las cosas.

08 DE ABRIL

Mi vida trata de alcanzar el equilibrio. Me sentiré a salvo y encontraré descanso en mi zona de confort, pero no viviré allí toda la vida. Me impulsaré a mí mismo, asumiré riesgos, y aprenderé a crecer. Cuando pueda vivir en un equilibrio entre mi zona de confort y las situaciones que me plantean retos, aprenderé de qué se trata el verdadero crecimiento personal.

09 DE ABRIL

No es necesario que yo lo sepa todo sobre todo para progresar en la vida. Hay valor en ser capaz de seguir progresando pese a no tener todas las respuestas. No permitiré que mi curiosidad se vuelva un lastre. Aceptar que habrá cosas que desconozca es una lección importante de mi aprendizaje.

10 DE ABRIL

Desafiaré las suposiciones presentes en mi vida y aprovecharé diferentes perspectivas para fomentar nuevas ideas. Cuando no dependo de lo que pienso que sé, y en su lugar descubro cuál es la realidad, me vuelvo capaz de apreciar posibilidades que antes no veía. No vivir regido únicamente bajo mi propia opinión es una práctica saludable. Esto quiere decir que encuentro valiosos los pensamientos de otras personas, y que busco entender por qué piensan de esa manera.

11 DE ABRIL

Aceptar y reconocer la realidad contribuirá enormemente a la creación de una auténtica perspectiva de vida. Me concederé el crédito por lo que haya realizado, asumiré las cosas que no, y seguiré aprendiendo y siendo consciente del potencial de mi futuro. No me beneficia nada quedarme suspendido en la espiral de mis pensamientos.

12 DE ABRIL

Soy consciente de que el proceso de aprendizaje no siempre es sencillo. Debo estar dispuesto a que me desafíen y me saquen de mi comodidad para poder aprender sobre algunos de los aspectos de la vida. Al aceptar y reconocer como cierta esta verdad, estaré mejor preparado para el momento en el que me toque aprender esas lecciones.

13 DE ABRIL

Reconozco que el equilibrio es necesario, y que por eso debo encontrar valor en la virtud del optimismo, y en la capacidad para ver tal cual la realidad. Al ir diseñando mi perspectiva en torno a estas dos ideas, me proveo de un enfoque sólido y equilibrado para la vida.

14 DE ABRIL

No me quedaré atrapado en mitad de una situación por sentirme frustrado. En lugar de eso, me volveré ágil y versátil a medida que las circunstancias cambien. Cuando pueda adaptarme a las exigencias, incluso aunque cambien, seré capaz de eliminar el estrés innecesario y ganaré en crecimiento personal con cada experiencia.

15 DE ABRIL

Mis hábitos no tienen más poder que yo. La capacidad para cambiar y mejorar se encuentra completamente a mi alcance. Mi nivel de consciencia y mi fuerza me ayudarán a identificar lo que es bueno para mí.

16 DE ABRIL

Las relaciones interpersonales de mi vida son un regalo. Aun en los tiempos difíciles, siempre tendré presente que la gente que amo, y me ama, son quienes importan.

17 DE ABRIL

Lo que yo puedo lograr y la fe que tengo en mí mismo van de la mano. Cualesquiera que sean los desafíos y dificultades que se me presenten, si yo confío en verdad en mi capacidad para superarlos, entonces así será. Creer en mí mismo es un acto de poder.

18 DE ABRIL

Ser exitoso en mi trabajo se relaciona con la noción de equilibrio. Que pueda entregarme a mi profesión significa que también comprendo la importancia de saber dedicarle tiempo a mi vida personal. Cuidar de mí mismo terminará beneficiándome en todos los aspectos de mi vida—incluyendo a mi vida profesional.

19 DE ABRIL

Merezco enfocarme en mí y ponerme atención. Al concederle al autocuidado un espacio en mi rutina diaria, me demuestro a mí mismo que cuidarme es importante. Cada vez que priorizo mi bienestar invito al equilibrio a mi vida, y eso lo mejora todo en general.

20 DE ABRIL

En ocasiones, las pequeñas cosas de la vida suelen ser las más memorables. Solo porque algo no sea típicamente considerado como "productivo", no significa que no enriquezca mi vida. Las diversiones como los pasatiempos, además de resultar beneficiosos, me permiten ganar diferentes puntos de vista.

21 DE ABRIL

Como mi tiempo es valioso, la forma en la que lo invierto es en verdad relevante. Ya sea que lo invierta trabajando o jugando mucho, tener el control sobre los asuntos en los que invierto mi tiempo significa que tengo el control sobre el equilibrio que existe en mi vida. Que yo pueda administrar mi propio tiempo es una bendición que me beneficiará a corto y largo plazo.

22 DE ABRIL

Aprenderé sobre las diversas maneras en las que puedo amar a los que me rodean, y a mí mismo. Como la manera en la que expreso amor a aquellos que están en mi vida tiene sentido, haré un esfuerzo por amar a la gente como personas individuales y no simplemente como un colectivo.

23 DE ABRIL

Ser feliz es un hecho que es igual de importante que cualquier otra cosa en mi vida. Sentir felicidad es algo que no solo merezco, sino que debo de esforzarme por incorporar en mis situaciones diarias. Cuando únicamente elijo ver lo negativo, esto es lo que manifiesto en mi vida, y es por eso que debo elegir lo positivo y a mi felicidad.

24 DE ABRIL

La vida otorga muchas oportunidades para ser valiente ante las dificultades. Aun cuando sienta miedo, en mi interior guardo valentía y coraje. Que tenga miedo o me sienta inquieto no quiere decir que no pueda ser valiente—sin el miedo no existiría la valentía.

25 DE ABRIL

Que algo no haya sucedido cuando yo lo quería no quiere decir que no vaya a suceder nunca. Todo ocurrirá a mi tiempo; entre más acepte yo este hecho, menos energía gastaré. Mantenerse atento, enfocado y motivado va más allá de necesitar que una cosa ocurra en este preciso instante—puede significar que tengo que esperar.

26 DE ABRIL

El equilibrio no solo se limita al trabajo y la vida personal, también se trata de darle importancia a mis sueños y metas. Incluso aunque los perciba como lejanos e inalcanzables, si creo que soy capaz de materializarlos y que valen la pena, un día lo lograré. Solo cuando me permito ser libre para soñar, todo eso adquiere potencial para volverse realidad.

27 DE ABRIL

Aun con el ajetreo y bullicio de la vida, no puedo olvidarme de que el cuidado de mi cuerpo es igual de importante que mi autocuidado emocional. Entre más respeto y atención positiva le ponga a mi cuerpo, más claro quedará para mí mismo que soy una persona valiosa. La manera en la que me trato a mí mismo—por dentro y por fuera—influye en la percepción que tengo de mí.

28 DE ABRIL

Mis palabras podrán tener peso, pero son mis acciones las que reflejarán quién soy en realidad. Acepto y reconozco que los hábitos que yo vaya conservando o modificando contribuirán a moldear a la persona que seré—y que también lo hacen con la persona que soy ahora.

29 DE ABRIL

No estoy solo en esta vida; las personas a las que elijo amar y de las que decida rodearme tienen un impacto en mí. Al reconocer el valor que tengo, también estaré preparándome para eliminar cualquier influencia negativa que me haya estado afectando.

30 DE ABRIL

No estoy mentalizándome para ser exitoso cuando permito que las dudas nublen mis expectativas sobre mí mismo y la vida. Entre más fe me tenga a mí mismo, menos dudas me asaltarán y podré darle la bienvenida al progreso, la productividad y el éxito. Lanzarme con convicción y fe es lo que marca toda la diferencia.

Reflexión mensual

¿Qué significó este último mes para mí?

¿Cuál inspiración diaria fue la que más resonó conmigo?

Este mes aprendí...

Capítulo Cinco: Mayo

Desde los tiempos del inicio del calendario romano, al mes de mayo se le conoce como un mes de renovación y nuevos comienzos. La nieve se ha derretido, los animales van despertando de su hibernación y el primer día de la primavera está ansioso por volver a brillar. ¿Sabes qué es lo mejor de mayo? Que puede significar muchísimas cosas maravillosas para cada uno de nosotros—y eso te incluye a ti.

¿Qué aspectos de tu vida necesitan un repaso? ¿Hay alguna limpieza emocional primaveral que necesites hacer? ¿Qué hay de los sueños y metas que aún no se vuelven realidad? Cuando hablamos de revitalizarnos y renovarnos, estas dos acciones no tienen por qué limitarse a uno o dos aspectos de tu vida. Así que, manteniendo ese ánimo de nuevos comienzos y oportunidades para las nuevas cosas, da un paso adelante sabiendo que estás preparado para aprender sobre ti mismo y el rumbo de tu vida.

01 DE MAYO

Vivir una vida de manera positiva y plena significa que soy consciente de que el aprendizaje nunca termina. Entre más abierto sea yo a las lecciones de vida—sean nuevas lecciones, o ajustes a mi antiguo pensamiento—mejor será mi vida en general. Me esforzaré por evitar el estancamiento, y en lugar de siempre me esforzaré por aprender más.

02 DE MAYO

Aceptaré el papel que desempeña la creatividad en mi vida. No se trata solo de crear, sino de encontrar esas cosas pequeñas y especiales que importan. Al reconocer la importancia de ser creativo y de impulsar esa parte de mí mismo, estaré perfeccionando el equilibrio de mi bienestar tanto para hoy, como para el futuro.

03 DE MAYO

Mi percepción del tiempo es importante. Si constantemente me siento estresado y soy pesimista al respecto de mi tiempo—sobre si cuento con mucho o con poco—entonces no estoy preparando el terreno para un crecimiento positivo. Sin embargo, si abordo la cuestión del tiempo con paciencia y una actitud positiva, mi relación con la administración del tiempo puede volverse más saludable.

04 DE MAYO

El autocontrol es un aspecto muy importante en mi vida, pero también necesito ser capaz de distinguir cuándo debo ejercerlo. Ejercer el autocontrol es muy diferente a no querer correr riesgos solo por protegerme. Al fortalecer mi nivel de consciencia, también me aseguro de que sé distinguir cuando ya tuve demasiado de algo bueno, y cuándo es momento de ser audaz para probar algo nuevo y arriesgado.

05 DE MAYO

El amor no es para limitarse a una sola área de mi vida. Puedo fomentar el amor dentro del contexto de mi hogar, de mi profesión, de mis amistades, y en las actividades que yo disfruto hacer. Trabajaré en ser una persona más abierta y daré la bienvenida al amor en todos los aspectos de mi vida. El amor me vuelve más fuerte.

06 DE MAYO

Así como es importante encontrar propósito en mi trabajo, es igual de importante para mí que encuentre aquellas actividades que puedan brindarme felicidad de una forma distinta. Ya sea que se trate de un pasatiempo o de cualquier otra diversión, no hay nada de egoísta en querer experimentar para mí mismo la felicidad de estas actividades. Recordaré concederles un espacio en mi vida a estas actividades de felicidad.

07 DE MAYO

Tener éxito en la vida no solo consiste en mantener una actitud positiva, también se trata de ser lo suficientemente valiente como para superar todo lo que se presente en mi camino. No permitiré que el miedo me impida lograr aquello que me he propuesto hacer, y será mi coraje el que me ayudará a sortear estos desafíos.

08 DE MAYO

Creo que las metas que tengo valen la pena. Soy consciente de que habrá momentos en los que querré apresurarme, pero cuando eso suceda, recordaré que la paciencia trae calma al caos. Cuando sea capaz de tener una actitud paciente en mi vida diaria, estaré preparándome a mí mismo para el éxito continuo.

09 DE MAYO

Es posible que la realidad y mis sueños coexistan. El cielo puede ser mi límite y puedo soñar en grande, pero también, a la vez, puedo ser pragmático y estar anclado a la tierra. Siendo consciente de mis fortalezas y mis debilidades, así como teniendo fe en mí mismo, puedo ser auténtico sin hacer menos a mis sueños.

10 DE MAYO

Mi salud mental no es algo que deba ocultar ni por lo que tenga qué disculparme. Recordaré que no tengo que adecuar quién soy por alguien más, y en ello incluyo a mi salud mental. Cuando soy capaz de priorizarme a mí mismo en lugar de priorizar aquello otros piensan que debo priorizar, me encamino en verdad a vivir una vida saludable.

11 DE MAYO

Cuando elijo no pasar por alto los hábitos negativos y en su lugar confrontarlos, estoy percibiendo a mi futuro yo como una prioridad. Aunque sería más fácil pasar por alto esas cosas, cuando asumo la responsabilidad y mejoro esas áreas, estoy decretando que mi crecimiento personal es algo que vale la pena.

12 DE MAYO

Una de las mejores estrategias con las que cuento para desarrollarme como persona es rodearme de personas que puedan enseñarme algo. Aunque pueda ser más fácil interactuar con personas que no me hagan crecer, no debo dejar pasar la oportunidad de desarrollarme más solo porque hacer lo contrario me suponga menos esfuerzo. Las relaciones interpersonales en mi vida tienen un efecto en mí; precisamente porque puedo controlar quién está en ella, es que puedo decidir si ese efecto es positivo o negativo, o si estaré abierto o no a aprender nuevas enseñanzas.

13 DE MAYO

La confianza, si se habla dentro del contexto de las personas de las que me rodeo, es como un círculo. Es importante que crea en mí mismo, pero con relación a las personas que amo, es igual de importante que yo crea en ellas. Comprender esto me ayudará a que tenga presente que no estoy solo y a que no olvide la importancia de en quién deposito mi confianza. Si creo en quienes amo, ellos también creerán en mí.

14 DE MAYO

No hay nada de malo en mostrarse profundamente interesado en muchísimos pasatiempos, así como tampoco hay nada de malo en dedicarme completamente a mi profesión. La clave para mantener el equilibrio está en reconocer cuándo es necesario actuar para corregir el desequilibrio. Cuando soy capaz de confrontar con sinceridad estos desbalances y doy seguimiento a su corrección en lugar de ignorar el problema, es cuando puedo alcanzar un mejor entendimiento sobre lo que significa el verdadero equilibrio para la vida.

15 DE MAYO

En mi vida no puedo cuidar apropiadamente de mí mismo y sentirme al mismo tiempo culpable por ello. Cuando me tomo el tiempo para descansar y atender mis necesidades físicas y emocionales, lo hago para darme fuerzas para seguir adelante. La culpa solo consigue invalidar el descanso por el cual estoy esforzándome, por lo que, al eliminarla y aceptar que el autocuidado es una prioridad en mi vida, estoy eligiendo un futuro saludable para mí y para mis seres queridos.

16 DE MAYO

Comenzaré a percibir a la creatividad como un valioso activo para mi vida. Cuando me permito ser creativo, estoy concediéndole importancia a la manera en la que me expreso a mí mismo. Al hacerlo expandiré mi cociente emocional y allanaré el camino para más desarrollo creativo. La creatividad es una herramienta con la que puedo incrementar la confianza que le tengo a mi potencial.

17 DE MAYO

Mis prioridades son esas guías que me orientan al respecto de lo que me importa en la vida. Comprenderlo me permitirá dirigir mi atención y recursos a lo que en verdad tiene significado para mí. Cuando me vuelvo más consciente de este proceso, soy capaz de identificar aquellos aspectos de mi vida que necesitan de una redirección de prioridades.

18 DE MAYO

Es importante que yo comprenda que mi punto de vista no anula los sentimientos de los demás; yo puedo pensar que ellos están al tanto de mi sentir sobre sus personas, pero esa no es la realidad. Al ser consciente de este hecho, yo comenzaré a identificar si acaso les comunico a los demás lo que ellos significan para mí, o si sigo dando por hecho que ellos lo saben. Al reconocer y aceptar cuán diferente es saber que amo a alguien, y cuán diferente en realidad es decírselo, estaré dispuesto a ponerme en sus zapatos para ver desde su punto de vista en lugar de hacerlo únicamente desde el mío.

19 DE MAYO

La búsqueda de la felicidad y de las cosas que disfruto es una tarea para toda la vida. Al mantenerme consciente y receptivo a nuevos intereses y placeres, iré encontrando la felicidad e iré aprendiendo lecciones de las situaciones más inesperadas.

20 DE MAYO

El coraje es una característica mía de la que puedo hacer uso en un sinnúmero de situaciones en mi vida. Entre más acepte y reconozca este hecho, en más aspectos de mi vida seré capaz de ser valeroso. El coraje es necesario para amar, para cambiar, para probar nuevas cosas, para tomar decisiones difíciles; que yo comprenda esto fortalecerá mi ser de una manera integral.

21 DE MAYO

Como hay personas en mi vida que me han elevado a una posición de liderazgo, el impacto de mis acciones es significativo. Al entender mi papel y la influencia que ejerzo puedo aprender más acerca de mí mismo, y también sobre el estilo de liderazgo que practico y que ansío alcanzar.

22 DE MAYO

Entre más apresure los procesos que ocurran en mi vida, menos cosas podré aprender durante el camino. La paciencia no solo consiste en saber esperar, también es trabajar para que, cuando llegue el momento de alcanzar mi meta, yo pueda estar preparado para aceptarla, comprenderla y disfrutarla al máximo.

23 DE MAYO

Si bien es normal que suceda, un aspecto crucial a tener en cuenta en relación con cumplir mis sueños es que yo no pierda las esperanzas cuando las cosas no resulten como yo pensaba. Si bien es determinante que yo me ponga metas, es mi capacidad para soñar la que me permite creer que yo puedo lograr aún más de lo que parece lógico o posible.

24 DE MAYO

Tener integridad significa que las reglas éticas a las que me sujeto en lo público y lo privado son siempre las mismas. Que la coherencia esté presente en todas las facetas de mi vida origina un equilibrio saludable. Lograr ser coherente se trata de amar no solo a los resultados que espero obtener, sino también al proceso.

25 DE MAYO

Tiene más sentido para mí que yo sea honesto conmigo mismo acerca de los ajustes que necesito hacer en mi vida, que sacarles la vuelta a los cambios difíciles. Entre más transparente decida ser conmigo mismo, mejor encaminado iré a lograr cambios positivos y productivos para mi vida.

26 DE MAYO

Aun cuando en ocasiones el trabajo que me espera parezca un muro infranqueable, soy capaz de superarlo y tener éxito. Al enfrentar las situaciones de una por una, al ir de un día a la vez y paso a paso, adquiero los hábitos que me ayudarán en un futuro. Poco a poco iré mejorando mi confianza y mis resultados.

27 DE MAYO

La profundidad de mis relaciones interpersonales es directamente proporcional al esfuerzo y tiempo que les dedico. Las relaciones más importantes e íntimas que yo entable las tendré con las personas a las que yo decida darles mi tiempo y atención. Al percibir mi tiempo como valioso, seré más selectivo y exigente en mis relaciones cercanas. No todas las relaciones están hechas para durar.

28 DE MAYO

La fe es un aspecto a tener en cuenta para mi vida. Sea fe en mí mismo, en algo más grande que yo, fe en la gente de mi vida, o simplemente una fe en lo positivo, debo considerarla. Al concederme la libertad de creer, incorporo mis fortalezas para alcanzar a mi propósito.

29 DE MAYO

Las habilidades, capacidades, experiencia y ética de trabajo que yo aplico en mi profesión tienen valor; la combinación de ellas me vuelve único. No hay nada de malo en desear un ambiente de trabajo saludable en el que esos rasgos míos sean reconocidos y apreciados. Yo merezco sentirme necesario.

30 DE MAYO

Estar al tanto sobre lo que significa el autocuidado quiere decir que hago lo que sea necesario por mi salud en general, y no solo aquellas acciones que deseo. Me comprometeré a prestar atención a todos los elementos que se requieran para cuidar de mi bienestar. Entre más dedicación le ponga a la creación de este equilibrio, más instintivo se volverá hacerlo para mí.

31 DE MAYO

Puedo contrarrestar sentirme frustrado por algún aspecto de mi vida con una actitud de apertura al aprendizaje. Cuando dejo apuntar con el reflector a mis problemas e invierto esa energía en aprender a manejar la situación, es cuando encuentro soluciones. Entre menos frustración haya en mi vida, más amplia y abierta será mi perspectiva a las oportunidades de crecimiento.

Reflexión mensual

¿Qué significó este último mes para mí?

¿Cuál inspiración diaria fue la que más resonó conmigo?

Este mes aprendí...

Capítulo Seis: Junio

Junio es un mes único porque solía caer en mitad de un período estacional más largo conocido como Liao. El cambio en el clima que marcaba el final de la primavera traía consigo temperaturas más altas. Liao simbolizaba la *calma*, pues, durante el día, como el sol permanecía más tiempo en el cielo y los días se volvían más largos, el trabajo podía repartirse de manera más uniforme y por eso la jornada se volvía menos estresante que de costumbre.

Con este ánimo, este mes puede tomarse como el momento para propiciar cambios. Apóyate en el sentimiento de *Liao* y disfruta de la paz, y cuando no puedas encontrarla, sé tú quien la origine.

01 DE JUNIO

Que algo no sea considerado como valioso por los demás no significa que yo tenga que demeritar el valor que tiene para mí. Esto aplica para mis sentimientos, pero también para las maneras en las que yo decido disfrutar. La experiencia de mi disfrute es una parte importante de mi autocuidado en la que no deben de influir las opiniones ajenas.

02 DE JUNIO

Entre más valioso considere a mi tiempo, más cuidadoso seré con el modo en el que lo invierto. Al ser consciente de los aspectos que no merecen el tiempo que les dedico, puedo generar un equilibrio más positivo en mi horario.

03 DE JUNIO

El éxito puede convertirse en un importante aspecto de mi vida sin llegar a robarme la satisfacción de recorrer el camino. Ser capaz de amar el proceso de la vida, no solo los destinos a los que me conduce, contribuirán en un futuro a que yo pueda apreciar de una mejor manera a la meta en sí misma. El éxito no solo consiste en los resultados, también se trata del camino.

04 DE JUNIO

La vida se trata enteramente de tomar decisiones y mi felicidad merece ser considerada a la hora de hacerlo. Si bien en ocasiones se requiere de hacer algunos sacrificios, no es necesario que yo ignore por completo el impacto que mis elecciones tendrán en mi felicidad. Ser feliz no tiene que ser un factor determinante para mis acciones, pero sí debería de tomarlo en cuenta.

05 DE JUNIO

No siempre es fácil tomar decisiones que tienen mucho peso, hay que tener coraje para hacerlo. Comenzaré a darme más crédito durante las situaciones desafiantes de la vida en las que demuestre valentía, en lugar de simplemente tomarlo como algo que yo espero de mí. La autoafirmación y el reconocimiento a mí mismo me ayudarán a colocar los sólidos cimientos sobre los que construiré mi seguridad y mi autoestima.

06 DE JUNIO

Las personas que yo considere como ejemplos a seguir deberían de serlo por una razón. Deberé ser consciente del efecto que otros tienen en mí, y eso incluye a quienes percibo como líderes. Mi respeto es algo que debe ganarse, y eso también se aplica a las personas que son figuras de autoridad en mi vida.

07 DE JUNIO

Las mejores cosas en la vida ocurren cuando estoy dispuesto a ser paciente y dejo que sucedan a su debido tiempo. La paciencia trae consigo sabiduría, y entre más cómodo me sienta con esa virtud, mejor podré apreciar mis ganancias en la vida.

08 DE JUNIO

Ser realista es importante, pero también lo es aspirar a un sueño imponente. Perseguir un sueño le añade un sentido de inspiración y propósito a mi vida. Jamás dejaré que mi vida se vuelva una vida sin un sueño.

09 DE JUNIO

Aunque a veces pueda llegar a ser complejo y conflictivo ejercerla, acepto y reconozco que la honestidad es una de las virtudes más esenciales que puedo poseer en la vida. Haré que la honestidad sea una prioridad para mí aun en las situaciones en las que pueda resultar incómoda. A la larga, la verdad vale mucho más que mi comodidad.

10 DE JUNIO

Así como no existe el equilibrio cuando dejo de lado mi salud mental, lo mismo ocurre con mi salud física. Cuando me esfuerzo por mi propio bienestar y mi salud, estoy diciéndome a mí mismo—y a mis inseguridades—que mi mente y mi cuerpo son valiosos. Una mente sana en un cuerpo sano es lo que me hace estar completo.

11 DE JUNIO

Estoy aprendiendo a asumir la responsabilidad de mi vida, y eso implica que comprendo que mis acciones, o su ausencia, así como las razones que las justifican, contribuyen al mantenimiento de mis hábitos positivos y negativos. Independientemente del peso que yo pueda darles, cuando me vuelvo consciente de la importancia de asumir la responsabilidad de mi vida, soy capaz de comprender la necesidad de analizar cada una de las elecciones que tomo.

12 DE JUNIO

La vida no se trata de evitar la interacción o la ayuda de otros. Si bien puede resultar positivo hacer una cosa por mi cuenta, podría perderme de ganar algo al no aceptar la ayuda de las personas en mi vida. Darme permiso para formar parte de una comunidad contribuirá a mi éxito y mi necesidad de los otros no me debilitará porque, así como yo necesito de ellos, ellos necesitan de mí.

13 DE JUNIO

Aunque del apoyo de los demás pueden obtenerse grandes alegrías y beneficios, al final del día lo más importante es que yo crea en mí mismo. Al ir tendiendo los cimientos de una creencia basada en mi capacidad para tener éxito, ningún futuro conflicto y desafío logrará arrebatarme esa fe en mí.

14 DE JUNIO

No hay nada de malo en ser alguien ambicioso. Está permitido que yo ambicione algo mejor para mí y para mis seres queridos y que me esfuerce por ello, y que mi actuar esté libre de juicios e influencias negativas ajenas. Por medio del enfoque, la determinación y la ambición, estoy dándome la oportunidad de obtener un éxito reiterado.

15 DE JUNIO

Una faceta significativa de mi autocuidado consiste en saber identificar las áreas de mi vida que generan negatividad. Cuando soy honesto sobre cuáles son esas áreas, por más complicado o conflictivo que me resulte, soy capaz de hacer cambios. Si no elimino primero los aspectos negativos, no podré potenciar al máximo los positivos.

16 DE JUNIO

Más allá de únicamente aprender a identificar los aspectos que precisan de un cambio, yo necesito poner manos a la obra. Como ser consciente de ellos es el primer paso, por eso me comprometo no solo a identificarlos, sino a llevar a cabo las acciones necesarias para la mejora de mi yo del presente y de mi yo del futuro.

17 DE JUNIO

Ser una persona empática es un rasgo admirable, pero también necesito reconocer las desventajas de serlo. La verdadera empatía consiste en ver la vida como el otro la vería, y aunque no siempre me resulte sencillo hacerlo, yo haré uso de la empatía para mejorar como persona. Puedo volverme un mejor amigo, compañero y persona si estoy dispuesto a mirar a través de los ojos de la empatía.

18 DE JUNIO

Cuando se trate de mi creatividad, aprenderé a distinguir cuándo necesito tener expectativas y cuándo no. La creatividad sin un fin fuera del disfrute o el encontrar la paz también es valiosa. Entre más resuene yo con este hecho, más provecho sacaré a mis momentos de creatividad.

19 DE JUNIO

Entre más perciba al tiempo como una guía en lugar de un absoluto, menos estrés sentiré al momento de administrarlo. Aún sabiendo que no será una tarea sencilla, cuando viva de manera flexible yo tendré una mejor noción acerca de como mi manejo del tiempo debería ser administrado.

20 DE JUNIO

Cuando aguardo y espero a que la inspiración venga a mí, no me encamino al éxito. Por otra parte, cuando trabajo para impulsarme y me esfuerzo durante este proceso, además de perseguir el éxito también aprendo a saber manejarlo en un futuro.

21 DE JUNIO

Soy una persona única, y por esa razón, las formas que tengo para sentirme amado son muy mías. Sin embargo, es mi responsabilidad el ser consciente de la forma en la que prefiero recibir amor y también de considerarme lo suficientemente valioso como para expresarlo a otros. Al entenderlo conmigo mismo, puedo aspirar a amar a otros como ellos también lo prefieran.

22 DE JUNIO

En la vida, la felicidad que yo pueda darme a mí mismo es igual de importante que la felicidad que yo pueda aportar a los demás. Cuando me limito en cualquiera de mis capacidades, de un modo u otro, también estoy coartando mi capacidad para disfrutar de la vida y para apreciar la felicidad en los demás.

23 DE JUNIO

Se necesita tener un corazón valeroso para enfrentarse a un desafío, pero se necesita uno aún más valiente para levantarse y volverlo a intentar después de un fracaso. Mientras siga levantándome e intentándolo, nunca habré fracasado en verdad.

24 DE JUNIO

El éxito se construye a partir de la realidad y de mi capacidad para imaginar. Cuando, tratándose de mi éxito, demerito a mi imaginación, estoy limitándome. Para lograr en verdad lo que me he propuesto, necesito tanto de la realidad como de mi imaginación.

25 DE JUNIO

En mi vida, es crucial que aquellos aspectos en los que yo decida invertir mi lealtad posean significado y sustancia. Mientras permanezca consciente y diligente, la lealtad será un maravilloso atributo en beneficio de mi desarrollo. También trabajaré en seguir siendo consciente de la diferencia entre fidelidad y obligación, y actuaré en consecuencia.

26 DE JUNIO

Yo soy el líder de mi destino. Ser líder no implica únicamente poseer un determinado rasgo, pues se compone de una gran variedad de ellos. Para alcanzar mi máximo potencial como líder necesito ser compasivo, paciente, y estar dispuesto a aprender acerca de todas las cosas que yo aún desconozco.

27 DE JUNIO

Entre más ansias sienta de acelerar un proceso, más necesitaré fortalecer mi resolución y mi paciencia. Cuando la obtención de algo en específico es de verdad significativo para mí, vale la pena tomarse el tiempo necesario para hacerlo. Cuando las cosas se pongan difíciles, me recordaré a mí mismo que esas características son las que entran en juego cuando es necesario ser perseverante.

28 DE JUNIO

Cuando me mantengo receptivo a nuevas experiencias y nuevos puntos de vista, origino una oportunidad para el desarrollo en mi visión del mundo. En lugar de solo aceptar y resignarme a un punto de vista aislado, una mente abierta es el mejor modo con el que puedo experimentar al mundo en su totalidad.

29 DE JUNIO

Pase lo que pase, un elemento clave para mi éxito es la humildad. Aunque el hecho de que el éxito pueda subírseme con facilidad a la cabeza es algo que puede ocurrir, yo acepto y reconozco la importancia de actuar con humildad. Puedo sentirme orgulloso de mí mismo sin que ello se vuelva una cualidad negativa.

30 DE JUNIO

Las diversas metas que yo quiero lograr son valiosas y merecedoras del tiempo y esfuerzo que yo emplee en averiguar si es posible alcanzarlas. Que algo parezca desafiante o fuera de mi alcance no significa que no valga la pena esforzarse por ello.

Reflexión mensual

¿Qué significó este último mes para mí?

¿Cuál inspiración diaria fue la que más resonó conmigo?

Este mes aprendí...

Capítulo Siete: Julio

Julio obtuvo su nombre de Julio César, una de las figuras políticas más ambiciosas de toda la historia a pesar de su trágica muerte. Si bien esto suele ser una creencia común, el estatus de Julio César no solo se le debe a su poder o a la influencia política que tuvo en vida. Julio César, de hecho, fue la persona que hizo ciertos cambios al calendario romano, los cuales eventualmente lo llevarían a ser ese calendario que hoy usamos en la actualidad. De algún modo, incluso con las impresionantes contribuciones que hizo Julio César al moderno mantenimiento de los registros, la gran mayoría lo sigue recordando por un asunto completamente diferente. ¿Tú como quisieras ser recordado?

Julio es el mes perfecto para recordarnos que cada persona tiene su lugar en la historia; ya sea inventar un calendario cuyo uso dure por espacio de dos mil años o una cosa completamente distinta, mientras se trate de algo personal y con sentido, tu legado podrá tratar de lo que tú quieras que trate.

01 DE JULIO

Puedo elegir entre ser honesto acerca de las acciones que me ayudarán a lograr mis metas o querer que sea algo más lo que me ayude. El camino correcto para alcanzar en verdad el éxito no siempre tiene que ir por dónde yo quiero que me conduzca. Tendré fe en que si soy honesto conmigo mismo, lograré mis metas.

02 DE JULIO

Mi salud implica más que solo a mí mismo. Se trata de cuidar de mí para poder estar disponible para los que amo. Se trata de dar un buen ejemplo a quienes me respetan y admiran, de demostrarme a mí mismo cada día que soy valioso. Al priorizar mi salud, puedo hacer todo esto y más.

03 DE JULIO

Es importante que yo perciba la repetición de una acción como los sólidos cimientos de un futuro hábito. Ya sea en mi trabajo, en mi hogar o al socializar; que me lo recuerde a mí mismo me ayudará a que no perciba la repetición como un acto mundano sino como un recorrido positivo y productivo. Un recorrido que me llevará a un lugar feliz.

04 DE JULIO

Cuando en cada interacción que yo entable a lo largo del día sea capaz de ver una oportunidad de ejercer un efecto positivo en alguien, estaré comprendiendo lo que es la auténtica compasión. Como nada me cuesta ser gentil con alguien más, me esforzaré en mirar el mundo a través de un lente compasivo.

05 DE JULIO

Trabajaré para traer orden a mi vida sin sentirme frustrado por el proceso. Entre más orden pueda traer a mi vida—de un modo que sea productivo para mí—más sencillo será para mí el seguir adelante con la confianza de que voy en la dirección correcta. El esfuerzo bien vale la pena el resultado. Soy capaz de esforzarme aun cuando se trate de todo un reto.

06 DE JULIO

No hay nada de malo en analizar mi situación laboral cuando yo sienta que sea necesario. Cuando me siento incómodo examinando mi situación actual, debo reconocer que esa es la señal de que puedo necesitar un cambio. Cuando soy consciente de mi nivel de honestidad al respecto de mi profesión y de los efectos que tiene en mí, soy capaz de tomar más elecciones positivas para mi futuro.

07 DE JULIO

La manera en la que respondo a mi autocuidado me hace saber un par de cosas. La primera, que puede ser que me priorizo a mí mismo y que estoy dispuesto a hacer tiempo para mi autocuidado, y la segunda, que considero que hay cosas más importantes y que por eso pongo mi autocuidado al final de la lista. Entre más peso ponga a cualquier lado de la balanza, más fuerte haré a esa percepción sobre mi autocuidado. Es mi responsabilidad darle un papel importante en mi vida a mi autocuidado.

08 DE JULIO

Cuando los desafíos de la vida me derriben por tierra, yo tengo la opción de verlo como algo decepcionante o como una oportunidad para volverme más experimentado. En la vida, tengo la oportunidad de aprender cuando estoy dispuesto a reconocer los errores como necesarios y como algo positivo a la larga. Cuando estoy dispuesto a caerme por tierra unas cuantas veces, dejo a un lado el miedo y elijo el aprendizaje.

09 DE JULIO

Entre más afine mi capacidad para mirar desde la perspectiva de alguien más, más entendimiento global ganaré sobre mí mismo. La empatía enseña compasión, y a partir de allí seré capaz de perdonar, de identificarme, y de amarme más a mí mismo y a los demás. Yo valgo el esfuerzo.

10 DE JULIO

Me dé cuenta o no, la manera en la que decido invertir mi tiempo termina dictando cómo empleo mi energía y enfoque. Y esta forma podría no estar alineada con mis valores y mi auténtico yo. Fuera de mis obligaciones, yo elijo en qué invierto mi tiempo y a qué aspectos se van mi enfoque y atención. Cuando comprendo la importancia de direccionar mi atención, seré cuidadoso con el potencial que puedo alcanzar con la inversión de mi energía.

11 DE JULIO

Entiendo que habrá momentos en los que me sentiré inspirado de manera natural y momentos en los que yo seré responsable de fomentarla por medio mi impulso y mi ambición. No debo volverme autocomplaciente con ninguna de las dos. Sea como sea, yo desempeño un papel en el resultado así que, pase lo que pase, yo siempre estaré involucrado.

12 DE JULIO

Justo como ocurre con la comida que como, el contenido que consuma y deje entrar a mi mente tendrá un efecto en mí. Es crucial que yo asuma la responsabilidad por lo que veo y escucho, aún y cuando simplemente se trate del entretenimiento. La última palabra la tengo yo, pero si no me tomo el tiempo para analizar lo que consumo, será un riesgo demasiado grande como para dejarlo al azar. Mi salud mental está en juego.

13 DE JULIO

Hay muchos modos de ser feliz y muchas maneras para demostrarlo. La felicidad no se trata solo de sonrisas y exhibiciones públicas, también están mis sentimientos internos. Mi felicidad puede radicar en una satisfacción interna por mi presente, o en una creencia de un mejor futuro. Cuando no me limito a una sola definición o concepto, en lugar de sentirme decepcionado soy capaz de experimentar en plena amplitud y totalidad a la felicidad.

14 DE JULIO

La presión social de grupo no termina en mis años de adolescencia, solo se transforma. Entre más decida enfocarme en la visión que otros tienen de mí, más valor le daré a sus opiniones. Sin embargo, cuando mi valía está cimentada en mi propia visión de mí mismo, las influencias externas tienen poco poder sobre mí.

15 DE JULIO

Entre más receptivo me encuentre a experimentar la vida a través de mi mente y mi imaginación, más sencillo será para mí el eliminar las barreras de lo ordinario y lo común. Cuando la imaginación desempeña un papel activo en el modo en el que proceso el mundo que me rodea, los límites de lo posible no me pesan y puedo extender mi alma hasta el cielo de mis sueños más sublimes.

16 DE JULIO

No es realista pensar que la vida jamás me derribará por tierra o que nunca fallaré. Aquí lo que importa es lo resiliente que pueda llegar a ser ante los desaciertos y tropiezos. Mientras siga siendo capaz de entender que una caída no es el fin del mundo, siempre contaré con la fuerza para levantarme otra vez y seguir adelante.

17 DE JULIO

En mi vida está bien contar con facetas sin un propósito determinado y específico; simplemente pueden estar ahí porque a mí me gusta que lo estén. En la vida hay espacio para lo necesario y para la diversión. Al ser capaz de ver el valor en ambos aspectos, me doy permiso para dar cupo a la frivolidad de vez en cuando.

18 DE JULIO

La mejor herramienta con la que cuento es la consciencia. Cuando de verdad soy consciente, soy capaz de tomar decisiones mejores, más informadas, puedo identificar dónde es necesario efectuar cambios y reconocer los sutiles indicadores que pueden perderse en la confusión. Continuaré trabajando en mi nivel de consciencia y lo mantendré como una prioridad.

19 DE JULIO

La paciencia desempeña muchos papeles en mi vida, pero su papel más importante radica en mi necesidad de ser paciente conmigo mismo. No es fácil cuando ocurren los errores y contratiempos. Ser capaz de ser paciente con mi progreso y con la persona que soy a pesar de todos esos inconvenientes es lo que marca la diferencia. Los eventos que podrían frustrar esta travesía mía se vuelven un recordatorio de aquello que es importante en mi vida.

20 DE JULIO

Cuando voy por la vida con mente abierta, aprendo en lugar de juzgar, amo en lugar de odiar y entiendo en lugar de menospreciar. Estar dispuesto a comprender a los demás significa que voy preparando el camino para una vida con gran espacio para el amor. Entre más comprometido esté con el acto de mantener una mente abierta, más cosas de la vida experimentaré.

21 DE JULIO

No importa cuánto logre o lleve a cabo, la humildad es lo que me permite encontrar el éxito sin perder a la persona que soy en realidad. Cuanto más consistente soy en darle cabida a la humildad en mi vida, más oportunidades de éxito me preparo a recibir. La humildad no solo brinda perspectiva, también permite que no olvide por qué decidí trabajar y esforzarme en primer lugar.

22 DE JULIO

De una manera u otra, todo en la vida se reduce a puntos de vista. Si bien lo que yo percibo no es lo que la otra persona percibe, eso no significa que alguno de los dos esté equivocado. Cuando soy capaz de comprender y empatizar con las perspectivas ajenas, aporto una visión más integral a mi vida.

23 DE JULIO

No me reduciré únicamente a lo que es lógico y considerado como probable. Los planes realistas que yo tenga para mi futuro son igual de válidos que mis sueños. Que uno exista sin el otro lleva a un desequilibrio en el futuro. Mi vida debería consistir en la libertad para alcanzar las metas que ansío, al mismo tiempo que respeto las realidades que con ella vienen.

24 DE JULIO

Puede parecer más sencillo decirle a un amigo lo que él quiere oír, pero, la honestidad, en esos momentos intensos y cruciales, de verdad resultará más provechosa. Aunque decir algo que no guste a alguien nunca se vuelva fácil, continuaré trabajando en mí mismo para ser capaz de poner el bienestar ajeno en primer lugar y para permitir que sea la honestidad quien me guíe.

25 DE JULIO

Si bien no todo en mi vida serán éxitos, durante los momentos en los que no tenga éxito yo me esforzaré por sentir esperanza sin importar qué. La esperanza es lo que alimenta mi convicción de que tendré éxito. Como la vida trae consigo errores que son inevitables, si no tengo esperanza no puedo pretender seguir adelante ni alcanzar verdaderamente lo que yo deseo.

26 DE JULIO

Mi éxito radica tanto en mi capacidad para trabajar y sobresalir como en mi disposición para tomar un descanso cuando es necesario. Cuando pueda aceptar con una actitud positiva al descanso, seré capaz de darme la oportunidad para revitalizarme incluso en mitad de las situaciones más ajetreadas. Entre más pronto perciba al descanso como algo necesario, más sencillo me será incluirlo posteriormente en mi rutina.

27 DE JULIO

La vida es demasiado corta como para no probar nuevas cosas. Cuando estoy dispuesto a expandir mis horizontes, no solo estoy abriéndome a nuevas experiencias, sino también a las nuevas perspectivas incluidas dentro de esas experiencias. Conforme siga avanzando, me comprometeré a volverme consciente de esas oportunidades y a no evitarlas cuando se me presenten.

28 DE JULIO

Mi mente no es un objeto inanimado que no requiere mayor atención. Es como una planta, y si no me esfuerzo por fortalecerla, sucederá lo contrario y se debilitará. Se trate de actividades, herramientas de aprendizaje, o cualquier otra acción cuyo propósito sea trabajar mi mente, la conclusión a la que puedo llegar consiste en que lo peor que puedo hacer por mi mente es asumir que no necesita atención alguna.

29 DE JULIO

Jamás debo olvidar que la insistencia en querer tener siempre la razón no me sirve de nada. Entre más cómodo me sienta admitiendo que me equivoqué, más abierto estaré a las enseñanzas que sigan. Los errores son parte de la vida, pero que yo aprenda de ellos no está garantizado. Vale más la pena aprender para el futuro que insistir tercamente en algo que yo sé que está mal.

30 DE JULIO

Al hacer uso de palabras inspiradoras para describirme, al aceptar los cumplidos en lugar de dejarlos de lado y al contar con una actitud positiva, construyo mi autoestima. No permitiré que las minucias me arrebaten la autoimagen positiva que estoy formándome de mí mismo.

31 DE JULIO

No solo aquello para lo que programo mi tiempo es lo que denota cuáles son mis prioridades, pues las cosas para las que hago tiempo—a pesar de mi horario—son las que comunican en verdad a qué actividades estoy dispuesto a invertir mi pasión y mis esfuerzos. Al volverme consciente de esas situaciones, soy capaz de identificar aquellos aspectos a los que les doy más prioridad, posiblemente sin haberme dado cuenta de ello, y llevar a cabo los cambios en donde sea necesario.

Reflexión mensual

¿Qué significó este último mes para mí?

¿Cuál inspiración diaria fue la que más resonó conmigo?

Este mes aprendí...

Capítulo Ocho: Agosto

La perspectiva de una persona sobre la vida no empata con la de otra y, aun así, vivimos en un mundo en el que ambas pueden coexistir al mismo tiempo. Aun cuando algo parezca distinto o no pueda entenderlo, el mes de agosto es el momento perfecto para que te muevas hacia adelante imbuido con una energía de entendimiento y aceptación. Mientras en el hemisferio norte agosto se vive como el mes de transición que se prepara para el invierno y pone fin a las altas temperaturas del verano, en el hemisferio sur agosto se vive y se siente como si fuera febrero. Dos experiencias totalmente distintas ocurren al mismo tiempo; este es el mejor ejemplo para ilustrar las vivencias de los próximos treinta y un días.

Mientras en tu hemisferio estés viviendo agosto, ¿qué pasará con las personas a tu alrededor? ¿Qué hay de las personas que amas? Este mes es un maravilloso recordatorio para que mires a través de los ojos de alguien más, porque, cuando comprendes a alguien, puedes amarlo y apreciarlo de un modo único por ser quien es como individuo.

01 DE AGOSTO

Habrá días que serán más llevaderos que otros para mí, y eso es algo que no puedo controlar. De lo que sí tengo el control, por supuesto, es de la forma en la que yo decida enfrentarlos. Seré valeroso en situaciones en las que no sienta ganas de actuar. Quedarme paralizado es fácil si lo comparo a demostrar coraje, pero la valentía siempre vale la pena.

02 DE AGOSTO

Las únicas limitaciones que pueden detenerme están en mi cabeza. Si encuentro las limitaciones que me he autoimpuesto, puedo trabajar en resolverlas o eliminarlas. Entre más consciente me vuelva de ellas, con más energía contaré al no verme limitado. Mi esfuerzo se orienta a aceptar y reconocer el poder que reside en mi mente y mis pensamientos, y en el beneficio que esto puede traerme.

03 DE AGOSTO

Acepto y reconozco que la vida no me lo dará todo en bandeja de plata. Las oportunidades surgirán, pero de mí dependerá que las aproveche. Comenzaré a asumir más la responsabilidad por las oportunidades que yo decida o no decida tomar. Al volverme más consciente de las oportunidades que se presenten, iré incrementando mis posibilidades de tener éxito.

04 DE AGOSTO

No puedo prometerme que nada malo pasará, pero sí que puedo prometer que seré fuerte en esos momentos. Cuando deje de intentar que las inevitables tormentas no ocurran y mejor me enfoque en prepararme para superarlas, creceré y aprenderé más que nunca.

05 DE AGOSTO

Mi nivel de consciencia no solo sirve para reconocer e identificar las partes negativas en mi vida, también la necesito para percatarme de las positivas. No hay de malo en aceptar las cosas buenas en mi vida. Al prestarle atención a las alegrías, del mismo modo en que lo hago con los desafíos, voy fomentando un estilo de vida más equilibrado y consciente que solo me beneficiará de aquí en adelante.

06 DE AGOSTO

La paciencia es mi mejor defensa contra las decisiones imprudentes y precipitadas. Mi paciencia puede ayudarme a largo plazo, pero también puede utilizarse para evitar situaciones frenéticas. En ocasiones, todo lo que necesito es tomarme un momento para reflexionar antes de decidir, y confiar en que mi capacidad de ser paciente contribuye considerablemente a brindarme tales oportunidades.

07 DE AGOSTO

Cuanto más capaz sea de no solo ver a través de una perspectiva ajena, sino de también percibir sus soluciones como aplicables a mi vida, más abierto seré como persona. Dejar a un lado mis sesgos personales y mi ego para así poder obtener una perspectiva más integral del asunto jamás será un error. Ser coherente a la hora de llevarlo a la práctica también me volverá más sabio.

08 DE AGOSTO

Entre menos me importe la aprobación ajena, más plenitud y satisfacción dejaré entrar a mi vida. Ya sea en el ámbito de mi trabajo, de mi creatividad, o en sociedad, yo cuento con la capacidad para afirmarme a mí mismo. Al basarme en un enfoque enraizado en mi propia aprobación, la comprensión y el entendimiento de mis necesidades y deseos en la vida se vuelve más claro.

09 DE AGOSTO

Cuando me siento desbordado y hundido es cuando más necesito confiar en mi perspectiva. Tengo el poder sobre mi situación cuando puedo efectuar una pausa y dar un paso atrás para analizarlo todo desde un panorama más amplio. Con perspectiva, en especial durante esos momentos, puedo marcar la diferencia.

10 DE AGOSTO

Como mi tiempo no es un recurso infinito, el modo en el que decida invertirlo entraña una tremenda importancia. Nada me obliga a invertirlo en cualquier cosa. Al hacerlo así, hago de mi tiempo una prioridad y esto me brinda otra oportunidad para fortalecer mi auto valía. Si mi tiempo es una prioridad, por ende, yo también lo seré.

11 DE AGOSTO

Lo honesto que yo sea conmigo mismo tendrá impacto únicamente si también le doy un seguimiento. No puedo esperar que la honestidad actúe por sí sola; sin acciones de por medio, no será más que un proyecto inacabado. Cuando, gracias a mi honestidad, identifique los cambios que necesito hacer, también debo actuar para llevarlos a cabo. Entre más efectivo sea mi seguimiento, más poderosa se volverá mi honestidad.

12 DE AGOSTO

La esperanza es como el amigo que permanece a tu lado cuando todos se han ido. Es necesario que yo adopte una actitud positiva en relación a la esperanza porque, cuando todo parece derrumbarse, la esperanza está ahí para mí. No concebiré como frívola a la esperanza, pues en ella reside el verdadero poder en mi vida.

13 DE AGOSTO

Ni siquiera todo el trabajo del mundo me servirá si no soy capaz de reconocer el valor del descanso. A mi meta necesito dotarla de un enfoque para el largo plazo, en lugar de tratarla simplemente como algo que necesito sobrellevar o superar. Cuando el descanso se vuelva parte natural de mi rutina y deje de ser una actividad extraordinaria metida con calzador en mi horario, atestiguaré también cómo la calidad de mi trabajo se eleva.

14 DE AGOSTO

Entre mayor sea mi disposición a mirar más allá de mi propia vida, más enriquecedora se volverá mi experiencia. La presunta seguridad que reside en el aislamiento no se compara con la enorme riqueza de vida que puede encontrarse en los puntos de vista de los demás. Aunque me resulte difícil en ocasiones, entenderé el poder que existe en la capacidad de ver más allá de mis horizontes y en valorar los aprendizajes derivados de las experiencias de otros.

15 DE AGOSTO

Los logros de mi vida son significativos y merecen reconocimiento. Cuando adopto conmigo mismo un pensamiento afirmativo en relación con mis logros, soy capaz de sentirme pleno y no necesito de ninguna influencia externa. Si bien no hay nada de malo en desear que otros me reconozcan, no puedo ignorar el hecho de que nada puede reemplazarme como mi propia fuente de energía inspiradora.

16 DE AGOSTO

Los hábitos que conservo conforman la base de mi vida. Al contraponer mis deseos con los resultados que obtengo, puedo volverme más consciente de los hábitos que debería adoptar y los que debería eliminar o mejorar. Cuando haga de mis hábitos una guía, me estaré adelantando de manera muy positiva en mi camino hacia una vida equilibrada y saludable en cuerpo y mente.

17 DE AGOSTO

El plan de acción a seguir para formar una autoimagen positiva debería aplicarlo sin juicios—ni míos, ni de los demás. Vale la pena esforzarme por tener una buena autoestima, y en esas situaciones necesito ser mi propio y más grande admirador. No es bueno ni posible que yo trabaje en beneficio de mi autoimagen y al mismo tiempo esté luchando contra la negatividad en mi interior.

18 DE AGOSTO

No permitiré que yo vuelva a sentirme obligado a conservar ciertas relaciones interpersonales en mi vida. Entre más distancia ponga entre la gente y ese sentimiento de obligación, más sinceras serán mis relaciones. Solo hasta que me sienta cómodo y pueda ser honesto acerca de aquellos que he elegido para que estén en mi vida, en verdad seré vulnerable con ellos.

19 DE AGOSTO

Quizás no me esté dando cuenta de ello, pero la fe que yo le tengo a las personas que amo es muy importante para ellas. Al entender el efecto y la influencia que yo puedo tener en la vida de otro, también comprenderé la responsabilidad que esto conlleva. Seré respetuoso con el privilegio que me otorga la capacidad de opinar sobre la vida de otro, y haré todo lo posible por inspirar a los que amo de la misma manera en la que a mí me gustaría ser inspirado.

20 DE AGOSTO

Los aspectos de mi interior en los que decido enfocarme son en donde experimento mayor crecimiento. Ya sea que mi atención se vuelque en un rasgo negativo que necesite mejorar o en un rasgo entrañable, donde yo decida dedicarme es donde sobresaldré. Es por esto que mi nivel de consciencia es tan crucial para mí, porque el enfoque en general es una herramienta maravillosa que, cuando sé usarla, trabajará de manera eficiente y específica en beneficio de mi bienestar.

21 DE AGOSTO

Trabajaré para volverme más consciente de la diferencia entre un trabajo y una carrera. Es importante que la conozca porque saberlo me ayudará a elegir en qué invertir mi energía. Un trabajo es para el corto plazo y debe ser visto como algo temporal y como una antesala a algo más grande y mejor. Una carrera, por otra parte, es una inversión a largo plazo que requiere de otro nivel de paciencia y esfuerzo. Saber cuál es la diferencia significa que yo soy capaz de planear y de prepararme con sabiduría para el futuro.

22 DE AGOSTO

Mi autocuidado debe basarse en las necesidades únicas e individuales que he identificado gracias a mi consciencia, y no deben estar basadas en lo que yo quiero que sean. Debo evitar sentirme presionado por las apariencias cuando ello implica hacer cambios innecesarios y perjudiciales a mi rutina. El autocuidado se trata de lo que necesito, no es una cuestión de óptica ni de apariencias. Entre más profundo sea mi entendimiento sobre este hecho, más efectivo podrá ser mi autocuidado.

23 DE AGOSTO

No me dejaré llegar a un punto en el que sienta que ya no puedo aprender más. Mi vida es un versátil viaje que se encuentra en constante evolución, y entre mayor sea mi apertura al aprendizaje, más posibilidades de éxito estaré concediéndome. Al dejar a un lado el orgullo y mi ego, descubriré nuevos y profundos aspectos sobre mí y aprenderé cosas que jamás imaginé.

24 DE AGOSTO

Si en verdad busco vivir una vida llena de amor, resulta imperativo que practique en todo momento la empatía. La empatía me ayudará a que viva más allá de mí mismo, a que nunca suponga que mi punto de vista es el único válido, y a que aprecie las experiencias y perspectivas de aquellos que me rodean. En aras de un amor pleno e íntegro, debo ser capaz de vivir con una firme actitud empática.

25 DE AGOSTO

Para mí, es posible vivir de una manera creativa y al mismo tiempo poseer una ética de trabajo firme y enfocada. No necesito encasillarme en una cosa o en la otra. Soy perfectamente capaz de encontrar la satisfacción en ambos aspectos en mi vida sin verme forzado a hacer a un lado mi expresividad y creatividad para hacerlo.

26 DE AGOSTO

Puedo evitarme muchos problemas en la vida si aprendo a planificar y a prepararme bien. Si bien no me será posible evitar todos los baches de la vida, por medio del enfoque, organización y una noción saludable de la administración del tiempo, podré vivir con un sentimiento de preparación en lugar de la reactividad y la ansiedad.

27 DE AGOSTO

Mi ambición no es algo que yo deba reprimir o esconder. En lugar de hacerlo, aprenderé a escuchar aquello que me pida que planifique. Cuando me vuelvo consciente de las señales que me envía mi ambición, puedo aventurarme por el camino que me llevará a lograr mis propósitos. No permitiré que mis impulsos sean algo negativo, en su lugar los desarrollaré e incluiré en el sendero de la vida por el cual camino.

28 DE AGOSTO

A la hora de reaccionar ante una situación, siempre tengo elección; puedo dejarme llevar por mis impulsos o hacerle caso a la razón. Sin importar qué esté sucediendo en mi vida, seguiré moviéndome hacia adelante con la intención de confiar en mi mente. Elegir reaccionar de una manera positiva y racional afectará no solo a los demás, sino también a mi vida. Entre más veces tome esta decisión, más cómodo iré sintiéndome con ello y se volverá algo natural.

29 DE AGOSTO

Aun cuando parezca algo bobo, está permitido que existan cosas en mi vida simplemente porque me hacen feliz. No necesito sentir que debo justificarme a mí mismo. Entre más perciba a la felicidad como algo valioso y necesario en la vida, de manera regular haré que esté más presente en todos mis esfuerzos.

30 DE AGOSTO

Los objetivos que yo desee alcanzar no se darán por sí solos. Yo actuaré con valentía cuando sea necesario. Reconoceré la cantidad de trabajo que hará falta para lograrlo, y también aceptaré con una actitud valiente que soy completamente capaz de enfrentarme a lo que la vida me presente. Vale la pena luchar por las cosas que en verdad tienen un significado para mí.

31 DE AGOSTO

La actitud con la que me enfrento a las cosas que suceden en la vida resulta determinante. Al elegir un enfoque positivo preparo el terreno para un crecimiento productivo. Trabajaré para mantener a la negatividad fuera de las metas que quiero alcanzar. En un entorno positivo es en donde el verdadero progreso se lleva a cabo.

Reflexión mensual

¿Qué significó este último mes para mí?

¿Cuál inspiración diaria fue la que más resonó conmigo?

Este mes aprendí...

Capítulo Nueve: Septiembre

Aun cuando llevamos avanzada la vida, o cuando menos lo esperamos, este mes es un símbolo de los nuevos comienzos. Mientras que en el hemisferio norte se da la bienvenida al otoño, en el hemisferio sur arranca la primavera. A lo largo y ancho del mundo surge la posibilidad de que todo alcance un equilibrio y la oportunidad de prepararse para lo que nos espera delante.

¿Cuál será tu comienzo este mes? Como ponemos toda la atención en los propósitos del año nuevo, a menudo olvidamos que los nuevos comienzos pueden ocurrir en cualquier momento. ¿Qué necesitas arreglar o modificar en tu vida? ¿De qué manera usarás estos arreglos para impulsar esos objetivos en los que no has pensado durante algún tiempo? Las posibilidades se encuentran todas a tu disposición, de ti dependerá a cuál comienzo darás inicio hoy.

01 DE SEPTIEMBRE

La única manera en la que yo puedo limitar mis sueños, es limitando mi propia imaginación. Hay poder en el acto de comprender que imaginar algo es el primer paso para volverlo realidad. Entre más me permita soñar, más capaz seré para lograrlo. Trabajaré en mí mismo para evitar limitarme y encadenar mi imaginación.

02 DE SEPTIEMBRE

Si tengo la actitud y perspectiva correctas, todo en mi vida puede convertirse en una oportunidad. Ya sea que tenga éxito o que falle, siempre puedo aprender algo de la experiencia. Al esforzarme por vivir bajo esa actitud de oportunidad, pase lo que pase yo aprenderé.

03 DE SEPTIEMBRE

La verdadera resiliencia consiste en conocerme lo suficiente para saber cómo recuperarme de un error. Si bien resulta crucial que yo me ponga de pie y siga adelante, también es de sabios asegurarse de que estoy listo para hacerlo. Anteponer mi bienestar a la conveniencia sienta el precedente para un futuro saludable.

04 DE SEPTIEMBRE

Hay etapas para todo en mi vida, y ser capaz de identificar cuándo es hora de moverse a la siguiente es un importante rasgo que debo poseer. Mi consciencia me otorga la sensibilidad al crecimiento y las posibilidades en cada una de las etapas de la vida y me deja saber cuándo es tiempo de elegir la siguiente etapa.

05 DE SEPTIEMBRE

Si bien existe una gran diferencia entre lo que quiero y lo que necesito, ambos necesitan darse a su tiempo. Cuando sea capaz de practicar el autocontrol a pesar de sentir un fuerte deseo de acelerar el proceso para obtener lo que quiero, será porque habré invertido tiempo en reflexionar honestamente acerca de la situación. No puedo decantarme por una o por otra, mis necesidades y deseos necesitan ser abordados con una mentalidad que vaya ligada a lo que en verdad me importa.

06 DE SEPTIEMBRE

Haré un verdadero esfuerzo por reaccionar de manera diferente cuando escuche algo con lo que no esté de acuerdo. En lugar de ser impulsivo o dejarme llevar por completo por la emoción, haré una pausa e intentaré verlo desde un punto de vista alternativo al mío. No siempre podré cambiar de opinión, pero vale la pena hacer el esfuerzo pues, cuando soy capaz de ver las cosas desde la perspectiva de alguien más, eso me trae crecimiento y progreso.

07 DE SEPTIEMBRE

Ser una persona abierta al cambio quiere decir que estoy dispuesto a aceptar que tal vez no tengo la razón. Acepto y reconozco la diferencia que existe entre ser terco e invertir tiempo en averiguar si en realidad tengo razón. Por más difícil que pueda resultar, trabajaré para mantener una actitud de humildad en esas situaciones.

08 DE SEPTIEMBRE

En lugar de frustrarme por las cosas que no sé o las que se me dificulta aprender, llenaré esos huecos al darle importancia a las perspectivas de los demás. Como el conocimiento no se parece en nada a un monólogo, al darle la bienvenida a más puntos de vista fortaleceré y diversificaré mi propia perspectiva.

09 DE SEPTIEMBRE

No ganaré nada con convencerme a mí mismo de que alguna cosa va bien. Dejaré de poner mi comodidad a corto plazo por encima de mi bienestar a largo plazo. Cuando esté dispuesto a ser honesto conmigo mismo desde un inicio, evitaré actuar por causas y creencias incorrectas.

10 DE SEPTIEMBRE

No puedo subestimar el poder que poseo sobre mis circunstancias. La actitud y el ánimo que conservo en cada situación repercute de manera real en el resultado. Incluso estando en situaciones desafiantes, cuando elijo creer en la esperanza en lugar de caer en la desesperanza, estoy confiando en mi poder interior para que lo positivo venga.

11 DE SEPTIEMBRE

Un aspecto fundamental y relacionado para conocerme íntimamente consiste en saber confiar en esa parte de mí que me dice cuándo debo esforzarme más o cuándo necesito hacer una pausa para recuperar el aliento. Cuando estas decisiones se basan en mis necesidades y no en las exigencias externas, mi elección consistirá en lo mejor para mí.

12 DE SEPTIEMBRE

La incertidumbre de lo desconocido no volverá a causarme miedo. Soy capaz y soy fuerte. En la incertidumbre de lo desconocido residen las oportunidades. Enfocaré mi atención y energía en mi capacidad de aprendizaje y adaptación para así hacer frente a las cosas que solían atemorizarme. El poder para hacer que lo desconocido se vuelva comprensible se encuentra en mí mismo y yo acepto esa responsabilidad. Aprender y adaptarme forma parte de mi proceso de evolución.

13 DE SEPTIEMBRE

Si bien yo soy consciente de las personas que tienen una enorme influencia e importancia en mi vida, eso no siempre quiere decir que ellos sean conscientes de ello. Estoy decidido a mostrarles reconocimiento a aquellos que me han ayudado a lo largo de mi vida. También trabajaré para lograr sentirme más cómodo expresando mi reconocimiento en el futuro.

14 DE SEPTIEMBRE

Mis hábitos positivos no son los únicos que merecen atención. También es mi responsabilidad no dejar que los negativos se me escapen, incluso aunque no los considere una prioridad. Cualquier hábito que esté presente en mi vida influirá en quién soy y en lo que pueda o no pueda lograr. Así que, entre más atención preste a todo, más mejoras podré implementar en mi vida.

15 DE SEPTIEMBRE

Que tenga una autoimagen positiva no quiere decir que distorsione la verdad para mi beneficio. Si no soy honesto en relación conmigo mismo, solo estaré preparando el terreno para decepciones futuras. Cuando soy capaz de entablar una relación honesta conmigo mismo al respecto de quién soy en verdad, la opinión que cualquiera pueda tener sobre mí no me afecta.

16 DE SEPTIEMBRE

Proponerme una meta es el primer paso, pero, si no confío en que soy capaz de alcanzarla, no me estaré preparando para tener éxito. Es necesario que yo comience bien cimentado, creyendo en mí mismo, porque solo así seré capaz de dedicarme por completo a lograr mi cometido.

17 DE SEPTIEMBRE

No podré tener éxito si mi atención está puesta únicamente en el largo o el corto plazo. Mi éxito requerirá que yo me enfoque en ambas etapas. De esta manera, si las dos me parecen igual de importantes, me esforzaré por ambas en lugar de seguir actuando en desequilibrio.

18 DE SEPTIEMBRE

Dedicar tiempo a mi autocuidado significa estar dispuesto a dar un paso atrás cuando algo comienza a resultar perjudicial para mi crecimiento. Esto incluye a las personas, los trabajos o cualquier cosa que exija mi atención y me deje sin energía. Al aceptar y reconocer lo positivo que es tomarme un tiempo para mí mismo, y en mi beneficio, se vuelve más cómodo que yo tome decisiones que me afecten principalmente a mí en lugar de afectarles a los demás.

19 DE SEPTIEMBRE

La libertad que existe en crear y expresar no puede ser devaluada. Reconozco que contar con una válvula de escape para mi creatividad y expresividad en general resulta esencial para una vida equilibrada y saludable. Mi creatividad me permite analizar y solucionar los problemas de una manera más libre e innovadora. Los detalles pocas veces terminan importando, pero cuando me tomo el tiempo y me enfoco únicamente en la creatividad, estoy diciéndome a mí mismo que yo valgo la pena al hacer esta inversión.

20 DE SEPTIEMBRE

Como no existe un método infalible para administrar mi tiempo, trabajaré en desarrollar uno que se ajuste a mi situación y prioridades individuales. Al poner el foco en mis necesidades en lugar de mis deseos o lo que otros necesiten o quieran, soy fiel a lo que en verdad me beneficia.

21 DE SEPTIEMBRE

Es importante que yo comprenda qué es lo que me impulsa. Entre más consciente sea de mis impulsos y de lo que me contribuye a lograr mis metas, mejor preparado me encontraré para esas situaciones. Puedo surcar mejor el camino de mi travesía cuando estoy al tanto de las cosas que me ayudan o me estorban.

22 DE SEPTIEMBRE

Una de las mejores virtudes que puedo practicar es ser desinteresado. Cuando soy capaz de poner primero a los otros, estoy enseñándome a mí mismo que es importante enfocarse en lo que hay afuera de mí. Cuando consigo desprenderme de los puntos de vista típicos de la sociedad que giran en torno a uno mismo, puedo influir en la gente de una forma muy auténtica.

23 DE SEPTIEMBRE

Incluso aunque reconozco que es complicado ser positivo durante las situaciones difíciles, también estoy al tanto de que es altamente beneficioso permanecer concentrado en lo positivo. Cuando elijo que mis reacciones surjan a partir de una mentalidad positiva en lugar de irme por lo que me exige menos esfuerzo, estoy forjando un hábito. Conforme vaya haciéndolo durante las siguientes situaciones, irá volviéndose más sencillo para mí tomar las decisiones correctas.

24 DE SEPTIEMBRE

Es un hecho que sería en extremo fácil para mí ser desagradecido y pasar por alto todas las cosas maravillosas que hay en mi vida. Aprenderé a avanzar hacia adelante sintiéndome lleno de agradecimiento por las bendiciones que he recibido. Estoy dispuesto a esforzarme para no olvidar que debo dar las gracias cuando me sucedan cosas buenas.

25 DE SEPTIEMBRE

Mantendré una mentalidad abierta a los descubrimientos. El mundo es demasiado grande como para que yo decida estancarme, así que le daré la bienvenida a cualquier oportunidad para el descubrimiento de cosas nuevas. Ya sea que vengan en forma de relaciones, oportunidades, o simplemente un entretenimiento, vale la pena experimentarlas.

26 DE SEPTIEMBRE

La vida se trata de oportunidades. Si no me mantengo receptivo a las oportunidades que se me presentan, tal vez podría ocurrir que no vuelva a tener una. Por medio de mi nivel de consciencia, seré capaz de identificar los momentos en los que surja una de esas oportunidades. Y aun cuando no todas vayan a funcionar, vale la pena esforzarse por las oportunidades.

27 DE SEPTIEMBRE

Estoy en el proceso de reconocer la diferencia entre el conocimiento y la sabiduría, y también soy consciente del valor que ambas tienen. El conocimiento es necesario para que mis decisiones estén fundamentadas, pero la sabiduría me guía en la dirección correcta para mí. Si solo me apoyo en una o en la otra, entonces estaré esforzándome únicamente a la mitad de mi capacidad.

28 DE SEPTIEMBRE

La ambición por el triunfo no es, per se, una cualidad negativa, pero cuando decido mezclarlo con mi orgullo y mi ego, puede volverse perjudicial. Si bien yo comprendo la importancia de ser una persona que se deja guiar por su ambición, también entiendo que debo hacerlo a través de la humildad.

29 DE SEPTIEMBRE

La empatía no termina cuando conozco los pensamientos de la otra persona, de hecho, consiste también en tomarme el tiempo para entender por qué piensan de esa manera. Entre más capacitado esté yo para contemplar verdaderamente las cosas desde la perspectiva de alguien más, más profundo será el entendimiento que adquiriré sobre sus experiencias. De igual manera, también obtendré una visión más clara acerca de lo que ellos pueden aportar al mundo.

30 DE SEPTIEMBRE

Ser una persona positiva no quiere decir que tengo una visión poco realista de la vida, simplemente significa que me esfuerzo por ver más allá. Que yo tenga la capacidad de encontrar aspectos positivos si lo intento quiere decir que, para hacerlo, necesito dejar a un lado mis ganas de reaccionar de manera condicionada para, en su lugar, abrir los ojos a las posibilidades y a la fe en mí mismo.

Reflexión mensual

¿Qué significó este último mes para mí?

¿Cuál inspiración diaria fue la que más resonó conmigo?

Este mes aprendí...

Capítulo Diez: Octubre

Este mes puede ser visto como una época de transición; cuando el clima cálido se ha enfriado, comienzan los preparativos para la estación más fría. Este sentimiento de transición no importa dónde estés, se experimenta en toda la tierra. Mientras que en el hemisferio norte la temporada invernal está a la vuelta de la esquina, en el hemisferio sur la gente se prepara para recibir a la primavera.

En serio, que no importa en dónde estés, porque todavía puedes aprovechar este mes para prepararte para el resto del año. Puede ser estresante pensar en las posibles y próximas festividades, en las fechas límite de entrega del trabajo o los exámenes. Aunque todos esos eventos que se avecinan puedan parecer abrumadores, brindan el momento perfecto para que le aportes un poco más de afirmación a tu vida. Que desarrolles una actitud positiva y adoptes un enfoque proactivo para tu vida no solo contribuirá a que emplees de manera óptima ese tiempo que usualmente malgastabas preocupándote, sino que, llegado el momento, también te permitirá estar preparado y listo para disfrutar.

01 DE OCTUBRE

Puedo decidir entre seguir viviendo hundido en la preocupación o lidiar en realidad con mis preocupaciones. Trabajaré para poder ser capaz de aceptar y reconocer el hecho de que simplemente vivir hundido en la preocupación no aligera el peso de mis problemáticas. Que yo decida prepararme y tomar medidas al respecto de mis problemáticas me lleva a estar más cerca de manejar de manera constructiva mis situaciones. Que yo actúe sobre aquello que sí puedo controlar es fundamental. El tiempo que dedique y los esfuerzos previos que haga, su resultado, bien valen la pena.

02 DE OCTUBRE

Puede que en mi vida existan las dificultades, pero eso no significa que esté en mi contra. Cuando las dificultades surjan, no será porque la vida quiere que falle, sino porque quiere que aprenda de la experiencia. No será algo fácil, pero sí puedo comenzar a modificar mi perspectiva al respecto para ser capaz de identificar las posibilidades en lugar de solo temerle al desafío. Las cosas no me suceden a mí, suceden para mí.

03 DE OCTUBRE

Las verdaderas amenazas a mi progreso no son las cosas inesperadas a las que me enfrenta la vida, son mis momentos de inacción. Cuando permito que el estancamiento se haga de un lugar en mi vida, mi impulso se debilita y ello puede conducirme a un estado de negación relacionado con esa peligrosa sensación de encontrarme cómodo. Al evitar de manera activa estos periodos de inactividad, no desaprovecharé las oportunidades ni me perderé del progreso.

04 DE OCTUBRE

No debo prestarle toda mi atención únicamente a cómo mis acciones afectan a mi yo del presente, pues hacerlo también me afectará en un futuro. Al ser capaz de percibir un equilibrio, y además de esforzarme por mantenerlo, estaré tomando decisiones responsables para mi presente y también asegurando que mi yo del futuro estará preparado para el éxito.

05 DE OCTUBRE

Un hecho de la vida es la naturaleza cambiante de las cosas, y aquello que me llena de inspiración también está sujeto a esa realidad. Para aumentar mis posibilidades de tener éxito, yo necesitaré mantener una mente abierta a esos impulsos cambiantes. Que las cosas que despierten mi ambición no sigan siendo las mismas durante toda mi vida no quiere decir que haya menos inspiración que antes.

06 DE OCTUBRE

Aprenderé a dejar de malgastar energía en solo imaginar aquellas cosas que me harían feliz, y comenzaré a trabajar para volverlas una realidad. Las cosas que me hacen feliz valen la pena y merecen existir fuera de mi mente. Al esforzarme en esto, estaré mostrándome a mí mismo lo importante que es mi búsqueda de la felicidad.

07 DE OCTUBRE

Los cambios positivos que quiero implementar en mi vida no siempre se darán fácilmente. Es necesario que yo acepte y reconozca este hecho, y que entienda que la valentía requerida para llevarlo a cabo no significará que todo mi miedo se irá sin más. Esta valentía consiste en seguir adelante a pesar de sentirme preocupado o asustado; esto es lo que mi valentía puede hacer por mí.

08 DE OCTUBRE

En los momentos en los que parezca que nada sale bien para mí, la positividad será la mejor herramienta para ayudarme a superar las dificultades. Si bien no podrá solucionarlo todo, ser positivo es lo primero que tengo que hacer para lidiar con las situaciones difíciles. No puedo dejar de lado el efecto que puedo conseguir si miro con ojos diferentes y positivos a la situación. Al tener presente y a mi alcance este hecho, estaré preparado para cuando se necesite—e incluso cuando ni siquiera me lo espere.

09 DE OCTUBRE

Yo puedo acortar la distancia entre un deseo y la realidad por medio de la visualización del resultado que me gustaría obtener, y de cómo éste se manifestaría en mi vida. Esta es una importante acción para mi preparación y puede contribuir a enfocar mis esfuerzos presentes hacia lo que en verdad me importa. Al imaginar cómo quiero que vaya, estoy influyendo en cómo yo me desenvolveré durante la situación.

10 DE OCTUBRE

Mi vida no se define por los momentos desafiantes o por aquellos que han conseguido vencerme, sino por la manera en la que elijo reaccionar a ellos. La resiliencia en mis reacciones es una fortaleza que no puedo dar por sentada. Al conocer en dónde residen mis fortalezas y cómo puedo implementarlas en mi vida, puedo mantenerme firme ante los desafíos.

11 DE OCTUBRE

Ser consciente de aquellos aspectos negativos de mi vida que necesitan de un arreglo es algo productivo, pero es igual de importante para mi consciencia que yo me dé el crédito por las decisiones positivas que tome. Lo negativo puede enseñarme cosas, sí, pero si no me afirmo a mí mismo sobre las acciones correctas que tomo, el proceso se vuelve parcial e injusto para mí.

12 DE OCTUBRE

Mi paciencia no solo debe extenderse a los que me rodean, pues resulta igual de importante para mí que sea paciente conmigo mismo. Serlo me permitirá que aborde las situaciones a mi ritmo—sean positivas o negativas. Cuando soy capaz de ser paciente conmigo mismo, me brindo más oportunidades para un crecimiento sin juicios y para una vida sin estrés innecesario.

13 DE OCTUBRE

Tener una autoestima positiva no significa que nunca me siento inseguro o que siempre estoy contento conmigo mismo. Significa que siempre estoy trabajando para mejorar y también incluye a la manera en la que yo me veo a mí mismo. Me encuentro en un camino que me requiere entendimiento y esfuerzo, y ambos deberían poder llevarse a cabo sin juicios.

14 DE OCTUBRE

Cuando reflexiono acerca de los valores que más atesoro en la vida, eso es lo que debo de buscar en las personas de las cuales he decidido rodearme. No hay nada de malo en ser selectivo con las personas a las que les permito influir o tener acceso a mi vida. Las relaciones interpersonales que yo tenga deben estar cimentadas en el respeto mutuo de los valores y creencias, no en una tolerancia de los rasgos negativos.

15 DE OCTUBRE

Cuando trato de forzar a la inspiración para que venga, lo único que hago es crear fricción. Sin embargo, cuando analizo mis tiempos y soy paciente a la hora de irla implementando, el resultado será uno mucho más orgánico. El hecho de que la inspiración no venga o no me ayude en algún momento no determina que ello no vaya a suceder en otro momento, así que solo necesito dejar que fluya en lugar de forzarla.

16 DE OCTUBRE

Cuando me descubro perdiendo la concentración durante una situación, mi propensión a reaccionar con frustración solo lo vuelve más complicado. Cuando eso ocurra, lo más importante que debo tener en cuenta es el hecho de que la paciencia es una herramienta y que, además, la frustración destruye. Como no podré concentrarme bien cuando me frustre, yo deberé de ejercer mi autocontrol para así darme una mejor oportunidad de recuperar ese enfoque perdido.

17 DE OCTUBRE

Los aspectos de mi vida a los que estoy entregado puede que no siempre estén alineados con lo que es mejor para mí. Es crucial que yo me dé la oportunidad para identificar qué cosas merecen el tiempo que les invierto. Al ser alguien que invierte su tiempo en cosas en específico en lugar de solo ser esa persona que invierte su energía en cualquier cosa, seré capaz de entregar más de mí mismo a las cosas que en verdad importan.

18 DE OCTUBRE

Cuando soy capaz de abordar la vida de una manera completamente honesta, ello me permite verla de una forma mucho más clara. A través de la honestidad yo seré capaz de identificar cuándo he malgastado mi energía y hacia dónde o en qué debería de enfocar mis esfuerzos. Entre más honesto sea yo al respecto de las situaciones en mi vida, más significativa y certera será la fuerza que tendrán mis acciones.

19 DE OCTUBRE

No siempre seré capaz de lidiar con los tiempos difíciles en mi vida, pero puedo asegurar que seguiré teniendo esperanza sin importar lo desafiantes que se vuelvan las situaciones. Muchas cosas podrán salirse de control, pero puedo seguir aferrándome a la esperanza de que todo mejorará. Primero debo actuar acerca de lo que sí controlo. Sin acciones ni esperanza, no tendré la fortaleza que puedo llegar a tener.

20 DE OCTUBRE

Necesito comenzar a percibir cómo el progreso y los beneficios no solo surgen de los momentos en los que actúo, sino también de los periodos de reflexión. La reflexión no interrumpe mi progreso, más bien incrementa las posibilidades de que yo obtenga información y nuevas perspectivas de mejora. El progreso no solo consiste en ir avanzando hacia delante, significa también que sé distinguir en qué momentos la reflexión es lo más beneficioso que puedo hacer.

21 DE OCTUBRE

Hay momentos de mi vida que son excepcionalmente especiales para mí, y por ello, debo permitirme a mí mismo su reconocimiento. Cuando puedo aceptar y reconocer aquellos momentos destacados, inyecto más motivación a mi vida. Aún si la motivación externa no siempre está allí, cuando yo mismo puedo generarla me vuelvo menos dependiente de los demás para mi autoimagen y mi valía.

22 DE OCTUBRE

La vida está llena de oportunidades de aprendizaje que fácilmente puedo ir confundiendo con obstáculos si no estoy consciente. Cuando sea capaz de reaccionar de una manera paciente y perspicaz, no me perderé de las oportunidades que se me presenten. Ello me preparará a más posibilidades en un futuro.

23 DE OCTUBRE

La creatividad tiene muchos usos en mi vida, entre ellos está el ser capaz de ver y pensar diferente. Al percibir a mis rasgos creativos como catalizadores de decisiones positivas, incremento mis posibilidades para solucionar los problemas. Entre más potencie mi creatividad, más útil me será como herramienta para la productividad de mi vida.

24 DE OCTUBRE

Cuando yo no comprenda algo, mi mejor reacción debe ser decidir aprender más acerca de ello. Entre menos tiempo emplee enfocándome en el problema, más energía y tiempo podré usar para encontrar una solución. La información me lleva a un mayor entendimiento, y eso me ayudará a que no caiga en trampas como la frustración o los enfoques desacertados.

25 DE OCTUBRE

Hay una diferencia entre la comodidad y el peligro de perder impulso. Si bien puedo concederme momentos de comodidad sin por ello poner en peligro mi productividad, debo evitar predisponerme a etiquetarlas. Al ser más analítico con respecto de este asunto en particular, puedo dejar de abstenerme de las comodidades y continuar siendo productivo.

26 DE OCTUBRE

Una parte fundamental de mi preparación para el éxito consiste en que yo crea que puede suceder. La confianza que yo deposito en mi capacidad para cumplir una meta desempeña un rol vital dentro del resultado. Que yo aborde una situación con una mentalidad victoriosa, y a ello le sume mi fe en mí mismo, contribuye en gran medida a mi éxito.

27 DE OCTUBRE

Es posible para mí que yo alcance mi mejor momento tanto en el trabajo como en mi vida personal sin que por ello sacrifique a alguno o sin que corra el riesgo de agotarme. Al ampliar mi enfoque para abarcar tanto a mi carrera como a mi hogar, puedo volverme más consciente de la existencia o de la falta de equilibrio. Entre más equilibrio consiga traer a los aspectos principales de mi vida, más capacitado estaré para alcanzar la plenitud en cada uno de ellos.

28 DE OCTUBRE

Aunque crezco como persona cuando me enfrento a los retos, ésa no es la única manera en la que yo puedo alcanzar un desarrollo personal. Es necesario que yo me deshaga de la creencia de que únicamente a través de las dificultades puedo obtener progreso y un crecimiento profundo. La vida está llena de oportunidades para crecer que no involucran desafíos, y que solo requieren de mi consciencia y de mi disposición a reconocerlas, tal y como lo hago durante los tiempos difíciles.

29 DE OCTUBRE

Seré más proactivo a la hora de identificar si una situación no es buena o conveniente, o si acaso debería seguir adelante con seguridad. Este conocimiento solo vendrá a mí a través de mi nivel de consciencia sobre mí mismo, y de mi entendimiento sobre si la situación será beneficiosa para mí. Cuando acepte y sea capaz de reconocer cómo y en dónde me conviene usar sabiamente mis talentos y destrezas, yo encontraré aquellos lugares en donde poner mi esfuerzo será lo correcto.

30 DE OCTUBRE

Como es imposible que yo evite los malos momentos de la vida, es importante que conozca cuáles herramientas me ayudarán a superarlos. Si soy proactivo y me preparo para esos momentos que disten de ser ideales, estaré capacitado para cuidar de mí mismo durante las dificultades y también podré ayudarme a salir de ellas en cuanto ocurran. Seré capaz de eliminar el estrés derivado de la vergüenza que solía experimentar al vivir esos momentos difíciles conmigo mismo, y de allí, me concederé la libertad de lidiar con la experiencia de una manera saludable.

31 DE OCTUBRE

Que yo cumpla una de mis metas es algo significativo, pero la meta en sí misma no es todo lo que yo debería apreciar. Mi aprendizaje será más profundo si consigo percatarme de que recorrer el camino hacia la meta es igual de valioso que alcanzarla al final. Si no aprecio la parte del proceso que corresponde a la travesía, no contaré con el nivel de preparación que la meta me requiere. Un acercamiento equilibrado en ambos aspectos—la meta y el camino—me hará apreciarlos a los dos y eso significará que podré aprovechar mejor los resultados.

Reflexión mensual

¿Qué significó este último mes para mí?

¿Cuál inspiración diaria fue la que más resonó conmigo?

Este mes aprendí...

Capítulo Once: Noviembre

Este mes es único pues funciona como una especie de recordatorio de que el año se acerca a su final. Si bien diciembre es el mes que suele dar una sensación de cierre, noviembre brinda una sensación de calma, casi como si quisiera decirte que tienes tiempo de sobra para hacerlo todo. Es a partir de este ánimo, que las inspiraciones para este mes han sido escritas. Mucha energía y tiempo se malgasta en preocupaciones sobre lo cortas que son las horas durante el día—y los pocos días que tiene el mes—todo eso, mientras el reloj sigue avanzando.

En lugar de revivir una vez más esa experiencia, aprovecha este mes para traerle productividad y conclusiones a tus días en lugar de la ansiedad y la inquietud de siempre. Muchas culturas le han atribuido a este mes en particular un sentido de transición hacia los años de vejez—pero no como un final, sino más bien como un tipo diferente de comienzo. Esta noción es otra forma con la que puedes recordar que cuentas con más tiempo del que muchos piensan. Aun cuando parezca que las cosas van aquietando su ritmo, hay comienzos en todas partes que esperan a ser encontrados.

Inicia noviembre con un sentido de renovación y haz a un lado las prisas y la preocupación que suele relacionarse con esta época del año. Inspírate una vez más en este inicio: la mayoría de la gente no sabe que noviembre está considerado como el Mes de Acción de Gracias, así que, en lugar de que esperes a un único día para sentirte agradecido, toma cada día como una oportunidad de mirar a través de lo negativo para encontrar un poco de gratitud en todas las cosas.

01 DE NOVIEMBRE

Entre más energía invierta yo en preocuparme por el tiempo, más tiempo estaré perdiendo. Trabajaré en mejorar mi mentalidad para que, en lugar de preocuparme por el tiempo que tengo o no tengo, yo pueda invertir sabiamente esa energía. Por más que se me dificulte recordarlo, no olvidaré que el tiempo transcurre igual que siempre, me enfoque o no me enfoque en él, y que preocuparme por eso no mejora nada mi situación. Me enfocaré en mis deberes de fin de año y en ellos emplearé eficiente y eficazmente mi tiempo.

02 DE NOVIEMBRE

Hay una gran diferencia entre ser alguien productivo y alguien que constantemente está trabajando o en movimiento. Que yo sea capaz de llevar a cabo una acción no quiere decir que ésta merezca mi tiempo y mi atención. Cuando comience a ser capaz de distinguir que la calidad importa más que la cantidad, no solo seré más productivo, también me sentiré más satisfecho con el progreso que vaya logrando.

03 DE NOVIEMBRE

Salir de la zona de confort es diferente para todos, así que no puedo juzgar lo que otros hayan hecho (o no hayan hecho) desde la óptica de mis experiencias. Yo puedo ser audaz y puedo aventurarme fuera de mi zona de confort al mismo tiempo que respeto mi bienestar y mi estabilidad mental. Allí donde una persona podría disfrutar del paracaidismo, otra podría experimentar la misma corriente de adrenalina al resolver un rompecabezas; mi vida y mis experiencias son únicamente mías para disfrutar y para definirme.

04 DE NOVIEMBRE

La manera en la que yo perciba y aborde una situación influirá de manera significativa en mis posibles reacciones ante ella. Si bien puede requerir menos esfuerzo que yo adopte un punto de vista negativo y pasivo, un enfoque positivo y proactivo es un modo muchísimo más eficaz para aumentar mi productividad y para disminuir el efecto del estrés. Los resultados reflejarán mi cambio de actitud en cuanto a ello le sume mi trabajo y esfuerzo.

05 DE NOVIEMBRE

No permitiré que se aprovechen de mi amabilidad o de mi actitud servicial (ya sea directa o indirectamente). No hay nada de malo en que yo ponga límites en mi vida, y ejercerlos me requiere que yo informe a los demás cuando los han cruzado. La forma en la que otros decidan reaccionar a mis límites no es mi responsabilidad, y no puedo dejar que sus reacciones erosionen mi resiliencia. Lograré sentirme cómodo con la incomodidad, y está bien pedir mi espacio.

06 DE NOVIEMBRE

La vida transcurre con rapidez, y es por esto que se vuelve incluso aún más importante para mí que haga una pausa para expresar mi gratitud. Esto no quiere decir que solo deba hacerlo cuando algo memorable ocurra, es esencial que yo me sienta agradecido también durante los eventos que puedan parecer ordinarios. Cuando sea agradecido y demuestre a cada día mi gratitud, con ello otorgaré una nueva capa de profundidad de plenitud y felicidad a la vida que tengo.

07 DE NOVIEMBRE

No me quita nada ser una persona amable. A pesar de no poder conocer aquello por lo que otros están pasando en sus vidas, un acto de amabilidad podría ser justo lo que ellos necesiten. Manteniendo esa mentalidad positiva y reconociendo las experiencias ajenas, pero sin tener ninguna expectativa, actuaré de la forma en la que a mí me gustaría que otros me tratasen.

08 DE NOVIEMBRE

La paciencia no significa que yo tenga que tolerar acciones o cosas que me dañen. Trabajaré en identificar correctamente cuál es la diferencia entre lo tolerable y lo perjudicial para así ejercer la virtud de la paciencia sin que por ello se originen resultados negativos. Cuando sea capaz de identificar cuáles son los límites saludables de mi paciencia, seré capaz de tomar decisiones más inteligentes y en un futuro me volveré más consciente de dichos límites.

09 DE NOVIEMBRE

Soy una persona talentosa y no existe ninguna razón para que yo no me sienta orgulloso de mis capacidades. Dejaré de compararme con otras personas y me enfocaré en los dones que poseo y en aquello que puedo aportar al mundo. Cuando pueda contemplar a mis talentos sin hacerles ningún tipo de juicio o comparación, en verdad reconoceré lo que puedo hacer y lo que seré capaz de lograr.

10 DE NOVIEMBRE

Lo que yo hago en privado es igual de importante que lo que hago en público. Los criterios a través de los cuales me rijo deben de guardar coherencia con todos los aspectos de mi vida, y entre más diferencias se encuentren entre mi conducta pública y mi conducta privada, más difícil se pondrá todo para mí. Cuando elijo ser coherente con mi actitud en ambas situaciones, también estoy generando más estabilidad y potencial para la persona que seré en el futuro. Lo que hago cuando nadie me está mirando es lo que define mi carácter.

11 DE NOVIEMBRE

Así como existe un momento para todo, hay uno para la acción y el esfuerzo, otro para tomárselo con más calma. Relajarse un poco más, cuando la situación lo permite, no es un problema sino una forma en la que puedo demostrarme a mí mismo que mi bienestar importa y que puedo lograr más resultados, incluso de donde menos los espero. Ser capaz de darme un respiro y luego retomar mi avance, ya con más tranquilidad, me permitirá evitar el agotamiento y generará más oportunidades de progreso para mí.

12 DE NOVIEMBRE

El aprendizaje no viene de una sola fuente, y la escuela es solo una de ellas. Si bien admitir que desconozco algo no es para avergonzarse, sí necesito ir más allá y poner manos a la obra para instruirme. Entre más cómodo me permita sentirme con el aprendizaje, y al hallar mis puntos de ignorancia, más conocimiento seré capaz de absorber. Mi autoeducación no solo es importante, también me acercará a ser la mejor versión de mí mismo. La dimensión del progreso que vaya logrando dependerá de cómo reaccione a lo que desconozco, más que de aquello conocido.

13 DE NOVIEMBRE

Que yo entienda la diferencia que hay entre la honestidad, la franqueza y la tendencia a criticarme en exceso me será muy provechoso. La capacidad para hablar con la verdad, con honestidad, y sin descuidar los sentimientos ajenos al hacerlo, es, en efecto, un rasgo apreciado. Entre más capacitado me encuentre yo para analizar las cosas desde la perspectiva de otras personas, mejores consejos podré dar, y hablaré con la verdad a los demás sin causarles daños o dolores emocionales innecesarios.

14 DE NOVIEMBRE

Mi autoconciencia es un elemento fundamental para lograr que mi disciplina se aplique con éxito en mis acciones. Cuando soy consciente de los aspectos de mi vida en los que necesito enfocarme, y conozco mis razones para hacerlo, me evito cualquier confusión y estrés. Que yo comprenda en cuáles aspectos mi voluntad se resiente le brindará a mi autodisciplina las mejores posibilidades para ayudarme a superar una situación. Si soy consciente de mis áreas de mejora, seré capaz de invertir sabiamente mi energía y de hallar soluciones con más facilidad.

15 DE NOVIEMBRE

Estoy en esta tierra para vivir, no para simplemente existir. Una excelente manera para asegurarme de que vivo es vivir con un propósito. Vivir con un propósito sentará firmemente las bases para mi futuro. Entre más seguro me sienta yo acerca de dónde quiero estar y de cómo llegaré allí, más eficiente será mi progreso.

16 DE NOVIEMBRE

No hay nada inherentemente malo con la curiosidad, mientras vaya acompañada de un sentido de conciencia y de racionalidad. Me daré la libertad para sentir curiosidad, en lugar de vilipendiarla y resistirme a ella. La curiosidad reforzará mi imaginación, mi creatividad, y me brindará nuevas perspectivas de la vida que nunca antes había considerado. Quitarle el estigma negativo a la curiosidad no solo es provechoso, también expande mi mundo.

17 DE NOVIEMBRE

Como la vida está siempre en constante cambio, entre más flexible sea yo, más estrés podré evitarme. Como no puedo contar con que no habrá dificultades o desafíos, cuando éstos se presenten, será mi flexibilidad la que me permitirá superarlos y también experimentar un crecimiento. Entre más esfuerzo ponga en adaptarme, más fácil se irá volviendo para mí y más aprendizajes obtendré de la experiencia.

18 DE NOVIEMBRE

No estaré brindándome las mayores posibilidades de éxito a menos que pueda reconocer tanto mis propias necesidades como las de los demás. Que exista equilibrio en este aspecto en particular resulta imprescindible. Que yo me enfoque en una sola parte—sea en mí o en los demás—me preparará a obtener una satisfacción disminuida cada vez. Cuando yo soy capaz de percibir como única a cada situación, y de determinar cómo ésta me afecta tanto a mí como a los demás, estoy brindándome las mejores oportunidades para tomar decisiones saludables e íntegras.

19 DE NOVIEMBRE

Ser una persona productiva a corto plazo es un excelente objetivo, pero no puedo olvidarme de lo importante que es proyectarlo también a largo plazo. Si bien la productividad a corto plazo puede hacer que las cosas avancen, al incorporar ideas que vayan más bien orientadas al largo plazo, yo estaré enfocándome tanto en la meta final como en su efecto a lo largo del camino. Cómo algo me hace sentir a mí, o a alguien más, puede ser igual de importante que el nivel de productividad—y esto aplica igual para el corto y el largo plazo.

20 DE NOVIEMBRE

Yo soy valioso, y por ello, las metas y sueños que tenga también son valiosos. Adoptar este punto de vista me permitirá vivir mi ambición sin culpas o limitaciones añadidas. Al considerarme a mí mismo un merecedor del éxito y la felicidad, estoy dándome permiso no solo para reconocer mis ambiciones, sino también para ir en búsqueda de ellas. Las cosas a las que aspiro y que deseo son importantes por el simple hecho de que soy yo quien las ansía y desea.

21 DE NOVIEMBRE

El entusiasmo puede significar distintas cosas para cada persona, y aun así seguir conservando su efecto. Yo no necesito igualar mi propio entusiasmo al de otra persona para demostrar a mi vida y mis metas el apoyo que se merecen. Cuando elimino los juicios al respecto, me vuelvo capaz de adoptar un enfoque más abierto en relación con el tipo de entusiasmo que yo aporto a mi vida.

22 DE NOVIEMBRE

No es mi responsabilidad hacer que otras personas se sientan cómodas si con ello comprometo y dejo a un lado mis sentimientos. En la vida hay días buenos y malos, y yo puedo experimentar ambos de la manera que mejor se me acomode. Las reacciones ajenas a mis sentimientos no son mi responsabilidad, y yo trabajaré en aceptar ese hecho como una verdad en mi vida. Es válido que yo sienta de la forma en la que lo hago.

23 DE NOVIEMBRE

No necesito inventarme emociones positivas para poder etiquetar un día como "bueno". Es posible que yo establezca distintos estándares para cada día; incluso aunque eso signifique que tenga que ponérmelo más fácil por el bien de mi bienestar. Además, eliminar esa necesidad de etiquetar los días me quita estrés de encima; puedo ser feliz sin necesidad de poner calificaciones.

24 DE NOVIEMBRE

Es posible para mí que yo sea al mismo tiempo confiado y cauteloso. Tal y como ocurre con el resto de mi vida, todo se reduce a un equilibrio. Es esencial que yo pueda ser alguien confiado y vulnerable, y que también sea capaz de reconocer la importancia de ser cuidadoso acerca de a quién o en qué situación demuestro esa parte de mí mismo. Al guardar un equilibrio entre la confianza y la cautela, puedo experimentar la plenitud de la vida a la vez que continúo priorizando mi bienestar y mi estabilidad.

25 DE NOVIEMBRE

Que algo se haya hecho o logrado antes no significa que no merezca reconocimiento. El reconocimiento periódico—tanto para mí como para los demás—me brindará en general una perspectiva más agradecida de la vida. Cuando incorporo como una parte de mí el acto de priorizar el reconocimiento por encima de las expectativas, me doy la oportunidad de ejercer una influencia positiva en mí mismo y en las personas de mi vida.

26 DE NOVIEMBRE

Al escuchar de verdad lo que otros tienen para decir, aprenderé acerca de los beneficios que conlleva el ser paciente y priorizar a los demás antes que a mí. La diferencia que separa al acto de hablar con la gente, y el de escucharla, reside en sentir un genuino interés por lo que dicen en lugar de esperar a que sea mi turno para hablar. Cuando construya el hábito de escuchar genuinamente a otros algo característico de mí, también experimentaré crecimientos personales.

27 DE NOVIEMBRE

Incluso si no tiene nada de malo que yo exprese mis emociones, también hay mérito y valor en que yo mantenga mi templanza, en especial durante las situaciones que rara vez resulten en ello. Como soy consciente de que los desafíos de la vida no pueden evitarse del todo, cuando ocurran, yo puedo mantener el control de la situación si guardo la compostura. Cuando reaccione de modo estoico, iré descubriendo poco a poco que las situaciones desafiantes se vuelven manejables y que las soluciones están más a mi alcance. El ejercicio de la templanza es un hábito que puede desarrollarse.

28 DE NOVIEMBRE

Si me enfoco únicamente en los resultados de mis esfuerzos, entonces estaré dejando que ellos me controlen. Sin embargo, si decido enfocarme en el proceso más que en el resultado, seré capaz de retomar ese control. Habrá momentos en los que las cosas no saldrán de la manera que a mí me hubiera gustado, pero, al enfocarme hacia dónde se me está yendo la atención y la energía, estaré afinando mi disciplina y mi concentración para lograr la meta final. Como mi reconocimiento puede determinar la forma en la que perciba una experiencia, direccionarlo hacia un crecimiento positivo me dará la oportunidad de encontrar todo lo bueno entre lo malo.

29 DE NOVIEMBRE

Mi nivel de consciencia no solo me brinda las mejores posibilidades para la toma positiva de decisiones, también me permite ser más específico a la hora de expresarme. Cuando yo soy consciente de por qué algo me molesta o de por qué lo disfruto, puedo comunicarlo mejor a mí mismo y a los demás. Ser capaz de comunicar a otros cómo me siento o cómo pueden ayudarme de una mejor manera me permite ser un mejor amigo, una mejor pareja y un mejor familiar. Cada oportunidad que yo aproveche para elevar mis niveles de consciencia siempre será un tiempo bien invertido.

30 DE NOVIEMBRE

Mi capacidad para administrar el tiempo realmente se reduce a qué tan honesto estoy dispuesto a ser conmigo mismo. Cuando permito que sea la auto honestidad la que determine de qué manera priorizo mi tiempo, soy capaz de gestionarlo sin tener que estarme preocupando de no agobiarme o de no estar haciendo lo suficiente. Cuando mi administración del tiempo se sustenta en lo que efectivamente es mejor para mí, yo puedo ser mejor persona para mí mismo y para los demás.

Reflexión mensual

¿Qué significó este último mes para mí?

¿Cuál inspiración diaria fue la que más resonó conmigo?

Este mes aprendí...

Capítulo Doce: Diciembre

Por lo general, el mes de enero ostenta el título de ser ese mes de los nuevos comienzos y en el cual puedes renovarte tras un largo año, pero eso sí, este nuevo aire de frescura puedes experimentarlo únicamente después de haber reflexionado acerca de los eventos ocurridos a lo largo de los trescientos días anteriores. Y es en este punto que el mes de diciembre entra en acción, porque el acto de reflexionar es su especialidad.

No importa en qué parte del planeta te encuentres—esté nevando o haciendo calor—el final del año es una época que tiende a poner en juego una plétora de emociones y eso, a veces, puede ser difícil de manejar. No es para nada difícil que una época pensada para reflexionar en tranquilidad, más bien termine convirtiéndose en un mes lleno de estrés. En lugar de que solo te anticipes a los desafíos y "salgas adelante", esta es tu oportunidad para que retomes el control de la época del año que puede acabar definiendo cómo será la próxima etapa de tu vida.

Diciembre no necesita ser una cuenta regresiva, así como se suele pintarlo, porque, de nuevo, tomarlo de esa manera añade muchísimo estrés a una época ya de por sí tensa. Piensa que es como el estupendo calentamiento que te preparará a un nuevo, mejor y más productivo año. Cuentas con treinta y una oportunidades más para inspirarte e ir edificando sobre los cimientos que has colocado y reforzado—no está nada mal para dar un cierre al que solo será uno de los tantos capítulos en tu vida.

01 DE DICIEMBRE

Mis palabras deben significar algo; no solo para los demás, sino también para mí mismo. Cuando soy sincero y transparente, eso demuestra mi verdadera integridad. Emplear mi enfoque y mis esfuerzos en desarrollar mi personalidad es siempre un uso provechoso de mi tiempo.

02 DE DICIEMBRE

Aunque existen muchos aspectos de mi vida que deben de ser tratados con seriedad, no puedo olvidarme de lo importante que es incluir el humor. Durante los momentos estresantes o difíciles, que yo reduzca un poco la intensidad de la situación puede jugar a mi favor. Cuando lo perciba como una herramienta en lugar de un lujo, podré mejorar mi relación con el humor y aprenderé más sobre los papeles que puede desempeñar para mí.

03 DE DICIEMBRE

Por más estresante que pueda ser mi vida, es necesario que recuerde que los demás también están peleando sus propias batallas. No me quita nada ser amable y amigable con otra persona. Al aceptar y reconocer la influencia positiva que yo puedo ejercer en alguien más, estaré trabajando en expandir mi visión del mundo y en ser capaz de ver más allá de mi propia perspectiva.

04 DE DICIEMBRE

Hay mérito en ser una persona confiable. Al serlo, además de demostrarles mi respeto a los que me rodean y de hacerles saber que valoro su tiempo, también me doy la oportunidad de que otras cualidades brillen en mí. Al esforzarme por ser una persona más confiable para los demás y para mí, estaré apuntalando mis relaciones personales y profesionales.

05 DE DICIEMBRE

Cuando en mi presente soy capaz de realizar acciones que beneficiarán a mi yo futuro, yo comienzo a vivir y actuar más allá del "ahora". Al darle prioridad a esa futura versión de la persona que soy, facilito el análisis de la calidad y los efectos que tendrán en mí las decisiones que tome en el presente. Asimismo, ello contribuirá en general a mi paciencia y al modo en el que ordene las prioridades de mi vida.

06 DE DICIEMBRE

Cuando se trata de mi productividad, el estrés es uno de los mayores enemigos de mi progreso. Debido a que el estrés tiende a manifestarse en mi vida como una distracción, cuando estoy consciente y preparado para las distracciones, le doy a mi productividad una oportunidad para que prospere. Entre menos distraído y estresado esté yo, más progresaré, y más productivo será mi trabajo.

07 DE DICIEMBRE

Los desafíos de la vida nunca se terminan del todo, y es por esta razón que se vuelve aún más importante para mí que conserve la calma cuando eso ocurra. Los desafíos no son un aspecto negativo de la vida, más bien detonan mi crecimiento como persona, me hacen ganar experiencia y me llevan a ser la mejor versión de mí mismo. Cuando los desafíos de la vida me enfrenten, en lugar de entrar en negación yo me prepararé y adoptaré una perspectiva realista de las cosas. Al mantenerme tranquilo durante esas situaciones, a partir del desafío aprenderé y me desarrollaré como persona.

08 DE DICIEMBRE

La amabilidad es uno de los rasgos más importantes y a menudo más olvidados que yo puedo poseer, y no solo debo dirigirla a los demás, sino también hacia mí mismo. Como la manera en la que me trato y hablo acerca de mi persona influye en la autoimagen que tengo de mí mismo, entre más amable sea yo, más saludable será esa autoimagen. Es posible que yo me trate con amabilidad y al mismo tiempo tenga una perspectiva realista de la vida. Al darme la libertad para el cambio me demuestro a mí mismo mi valía y lo mucho que me importa la persona que soy y en la que estoy convirtiéndome.

09 DE DICIEMBRE

Aunque sería más fácil para mí dejarme llevar por mis hábitos negativos, si en lugar de eso decido enfocar mi energía y mi concentración en los hábitos positivos de mi vida, estaré priorizando mi lado más saludable y feliz. Si bien los hábitos negativos merecen que se les dedique tiempo a trabajarlos, muy a menudo los positivos son dejados de lado. Yo poseo la capacidad para percibir los dos tipos de hábitos, y también controlo la manera en la que los abordo.

10 DE DICIEMBRE

En lugar de seguir teniendo problemas para generar un equilibrio entre la vida y el trabajo, comenzaré a esforzarme en lograr la armonía. Esto quiere decir que no me dejaré controlar ni envolver demasiado por la montaña rusa de emociones que se origina al tratar de existir plenamente en ambas facetas. La armonía tiene que ver con los límites, no con esforzarse y estresarse por lograr un equilibrio.

11 DE DICIEMBRE

Hay un gran beneficio en la capacidad de saber cómo y qué necesito hacer para mi propio autocuidado. No puedo dejar nunca de percibir a mi consciencia más que como positiva, pues es a través de ella es que yo aprendo acerca de lo que realmente me renueva y me ayuda a reiniciarme. Y debido a que sé y acepto que en la vida me encontraré con dificultades, a que conozco de antemano aquello que me permitirá seguir por mi camino y a mi ritmo por medio del autocuidado y fortaleza, seré capaz de adoptar una mentalidad positiva que se reflejará en buenos sentimientos y emociones para los que me rodean.

12 DE DICIEMBRE

La creatividad se presenta en una gran cantidad de formas, y por esta razón, es importante para mí que explore en dónde está la mía. Al descubrir los detalles de mi creatividad, seré capaz de canalizar el estrés y los desafíos de la vida a algo positivo y productivo. Aceptaré mi estilo personal de creatividad y lo respetaré como una parte fundamental de mi bienestar y estabilidad.

13 DE DICIEMBRE

Al aceptar y reconocer los beneficios que me trae escribir un diario de una manera regular, estoy facilitándome otra herramienta de autorreflexión que no solo contribuye a hacerme mejor persona, sino también a que yo mismo me entienda mejor. Mi diario actuará como una válvula de escape saludable y confiable en la que podré desahogarme y analizar mis pensamientos. El esfuerzo que yo haga para dar con la mejor forma de llevar un diario bien valdrá la pena por los beneficios que derivarán de ello en el futuro.

14 DE DICIEMBRE

Necesito ser consciente de mis propias tendencias negativas para evitar el autosabotaje. Siendo transparente conmigo mismo y enfrentando mis problemas es la manera en la que yo podré terminar con el ciclo destructivo de la vergüenza para enfocarme en encontrar válvulas de escape que sean saludables. Como la manera en la que me trate y hable acerca de mí es importante, actuando de manera positiva conmigo mismo seré capaz de frenar el autosabotaje antes de que éste eche raíces.

15 DE DICIEMBRE

Mi vida no la determinan ni los problemas ni las batallas por las que he pasado, lo hace la manera en la que he decidido responder a todas ellas. Al reconocer que la resiliencia no es un estado permanente del ser, sino una herramienta para mi desarrollo, puedo percibir a mis experiencias bajo una luz más positiva, y como resultado, puedo llevar a cabo acciones constructivas para ayudarme a mí mismo. A mí no me definen las cosas negativas, porque en toda vida las hay, me define el modo en el que respondo. En cada situación y desafío que enfrente, me demostraré a mí mismo que soy libre de elegir mis reacciones.

16 DE DICIEMBRE

Vale completamente la pena que yo sea paciente con otras personas, pero un aspecto que suele olvidarse acerca de esto es que también debo ser paciente conmigo mismo. Ya sea que esto signifique que deba revisar mis criterios o que deba ser más comprensivo acerca de aquello por lo que he pasado, merezco tenerme paciencia. Cuando contemple mi vida a través de esa lente de paciencia, evitaré ser duro conmigo mismo de una manera innecesaria e improductiva.

17 DE DICIEMBRE

Entre más honesto sea conmigo mismo, más crecimiento personal tendré el potencial de alcanzar. Ser deshonesto conmigo no me traerá ningún beneficio a largo plazo. Todo lo que provoca es una fisura entre la realidad y mi percepción de las cosas. Puede que no resulte tarea fácil, pero, entre más firme sea yo con mi auto honestidad, más áreas problemáticas podré identificar y comenzar a reparar.

18 DE DICIEMBRE

las experiencias por las que he pasado en la vida, si reflexiono acerca de ellas, son una increíble fuente de sabiduría para mi futuro. Haya resultado bien o mal la situación, al actuar de manera consciente, autorreflexiva y transparente, yo puedo echar un vistazo atrás y ganar en sabiduría para las experiencias que aún me quedan por vivir. Cuando pueda entender este hecho y creer en la sabiduría que he ganado, tendré más ayuda en el futuro.

19 DE DICIEMBRE

La manera en la que yo reaccione cuando alguien más haga algo que no funcione me dejará saber cuán comprensivo estoy siendo como persona en ese momento. Al decidir tomar las acciones de otro como si fueran las mías, puedo ser más empático. Cuando soy capaz de moderar mi reacción y en su lugar ver la situación desde otro punto de vista, puedo evitar tener una respuesta inmediata y negativa y mejor actuar desde la amabilidad y la comprensión.

20 DE DICIEMBRE

Cuando le dedico todo mi esfuerzo y atención a algo, me es posible experimentar un estado mental de flujo que potencia mi concentración y mis capacidades. Valen la pena el esfuerzo y tiempo invertidos en generar ese estado de flujo porque, partiendo de allí, mi productividad y mi progreso pueden alcanzar nuevas alturas. Al brindarme la oportunidad de entrar en este estado de flujo, estoy mostrándome otra forma de priorizarme a mí mismo y a mi productividad.

21 DE DICIEMBRE

Las verdaderas pruebas a mi voluntad y disciplina ocurren cuando no existe una consecuencia inmediata que vaya más allá de mi propia perspectiva. Al reconocer primero como significativa una situación, puedo prepararme y emplear mi energía en ser auto disciplinado. Entre más firme sea yo con la autodisciplina, más fuerte se volverá mi voluntad y más seguro me sentiré al respecto de mi capacidad para auto disciplinarme aun y cuando no haya nadie a mi lado. Para fortalecer mi voluntad, comenzaré identificando las razones detrás de las decisiones que tome o no tome. Cualquier comportamiento del cual no sea consciente es un comportamiento bastante difícil de controlar.

22 DE DICIEMBRE

No soy perfecto, y por esta razón he cometido errores en mi vida, y en el futuro no siempre tomaré las decisiones correctas. Sabiendo y aceptando esto, es fundamental que yo me perdone por aquellas veces que no elegí con sabiduría. Aunque pueda asumir la responsabilidad y aprender de mis errores, la parte más importante del proceso consiste en saber perdonarme a mí mismo. Esto puede que no me resulte fácil o que no lo logre de inmediato, y eso está bien, pues prestarle atención a este aspecto de mí mismo terminará siendo una acción de valor incalculable para un futuro saludable y positivo.

23 DE DICIEMBRE

Cuando soy capaz de aceptar y amar a mi yo que es único, ello me otorga la libertad para apreciar la originalidad que trae consigo. Rara vez el ser alguien diferente es fácil, pero, al percibir y comprender realmente a la persona que soy, estoy haciéndole saber a esa parte original de mí que es bienvenida, apreciada y aceptada.

24 DE DICIEMBRE

Mi estado de consciencia, que no existe únicamente para ayudarme a identificar las cosas positivas de la vida, se vuelve invaluable cuando me alerta sobre las negativas. Ser capaz de ver lo positivo es importante, de eso no hay ninguna duda, pero sin lo negativo eso solo sería la mitad del proceso. Yo entiendo que ambas existen dentro de mí y mi vida, así que, al estar consciente tanto de los negativos como de los positivos, puedo reaccionar de manera correcta. Esto lo llevaré a cabo cuando acepte y me sienta feliz por lo positivo, y también cuando analice cómo puedo mejorar y arreglar lo negativo.

25 DE DICIEMBRE

Se necesita tener seguridad en uno mismo para superar muchas cosas en la vida, pero es la humildad lo que me permite dejar de lado mi orgullo y mi ego para concentrarme en la verdad. Aun contando con un excelente nivel de consciencia, mi mente puede minimizar los problemas, permitiéndome ignorarlos, pero también quitándome la oportunidad de hacer un cambio. Cuando pueda hacer a un lado lo que quiero para enfocarme en lo que necesito, seré capaz de fortalecer mi humildad y mi perspectiva de la realidad.

26 DE DICIEMBRE

Resulta muy sencillo que yo vea todas las dificultades, cosas negativas y problemas que potencialmente pueden surgir en el futuro, pero, a menos que yo decida matizarlas con esperanza, solo me estresarán. Es fundamental estar preparado para lo que vendrá, siempre y cuando no haya desesperación de por medio. La esperanza no me prepara para la decepción, me hace libre de creer que puedo tener éxito y que puedo lograr lo que me propongo.

27 DE DICIEMBRE

Al encontrarme en medio del bullicio y complejidades de la vida, es demasiado fácil que yo olvide cosas. Por esta razón, es muy importante que yo tenga presente cuáles de las relaciones en mi vida se merecen mi tiempo y esfuerzo. Las relaciones saludables y duraderas de cualquier tipo requieren de esfuerzo y constancia. Al identificar los aspectos que se me dificultan a la hora de mantener esas relaciones, yo puedo ser más consciente de ellos en el futuro para evitar dañarlas.

28 DE DICIEMBRE

En la vida puede haber errores, pero es importante que yo no los etiquete ni asimile como fracasos. En lugar de eso, es necesario que yo perciba cada uno de esos resultados como otra oportunidad para aprender algo sobre mí mismo y la vida. Al cambiar una perspectiva negativa—fracaso—a una positiva que representa una oportunidad de aprendizaje, me encaminaré a experimentar más crecimiento, más oportunidades de aprender, y en general a obtener beneficios a largo plazo.

29 DE DICIEMBRE

No puedo permitir que el ritmo de la vida determine la velocidad a la que yo tomo mis decisiones. Cuando cedo ese control, pierdo la oportunidad de prepararme o tomarme el tiempo para analizar la situación. La presión que ejercen los muchos aspectos de la vida dificulta enormemente que yo elija mi propio ritmo antes que al de la vida, pero, al final, hacerlo desembocará en mejores elecciones y más productividad. Entre más lo haga, más seguro iré sintiéndome en los momentos en los que deba elegir entre prepararme o apresurarme.

30 DE DICIEMBRE

No cuento con un suministro ilimitado de energía emocional. Al reconocer mis límites, seré más consciente de dónde o en qué invierto esa energía durante el día. Entre más consciente esté de esta inversión, mejor será mi regulación entre las áreas que lo merezcan, y aquellas que no. Al retomar el control de mi inversión energética no solo me volveré más productivo, también me probaré a mí mismo mi valía pues estaré demostrando que soy mi prioridad.

31 DE DICIEMBRE

Ser capaz de reconocerme por mis logros es una práctica muy valiosa que vale la pena seguir efectuando. Yo me esfuerzo y dedico energía a las cosas por las que trabajo, y por esta razón no hay nada de malo en que yo me celebre mis logros. Hace un año yo me embarqué en esta travesía, y el hecho de encontrarme aquí, en este momento, ciertamente es algo digno de reconocimiento. ¡Continuaré por mi camino con este ánimo, tendré presente mi valor como persona y recordaré que la dedicación que yo le ponga a mis metas también es valiosa!

Reflexión mensual

¿Qué significó este último mes para mí?

¿Cuál inspiración diaria fue la que más resonó conmigo?

Este mes aprendí...

Conclusión

A medida que vivimos nuestras vidas y el tiempo avanza, es fácil caer en la trampa de enfocarnos únicamente en el tiempo que sentimos que estamos perdiendo. Sin embargo, este año nos ha enseñado algo extraordinario: cuando dedicamos tiempo a reflexionar y cultivarnos a nosotros mismos, dejamos de perder tiempo y comenzamos a ganarlo.

Lo que hemos hecho con este libro va mucho más allá de leer unas palabras cada día. Hemos recuperado el control, nos hemos conocido mejor y hemos profundizado en nuestra comprensión de quiénes somos. Aunque a veces podamos sentir que no tenemos control sobre las circunstancias externas, siempre conservamos el poder sobre nuestra mente y nuestra alma. Este poder nos permite enfrentar la vida con una perspectiva más constructiva, superar obstáculos y avanzar más allá de simplemente existir.

Un Año de Transformación

Durante este año, no solo hemos crecido, sino que hemos identificado áreas para mejorar que antes ni siquiera habíamos notado. Hemos sembrado las semillas del cambio, fortalecido nuestras bases con confianza y autoconsciencia, y tomado acciones que nos han llevado más cerca de la vida que queremos vivir.

La mejor parte es que este libro no tiene fecha de caducidad. No es como un calendario que se descarta al final del año. Este diario está diseñado para acompañarte en cada nuevo capítulo de tu vida, año tras año. Puedes volver a él, reflexionar sobre las notas que escribiste en los primeros días y reconocer cuánto has avanzado desde entonces.

Reflexiona Sobre tu Progreso

- ¿Qué tan lejos has llegado en tu camino?
- ¿Lograste tus metas o descubriste áreas en las que aún puedes crecer?
- ¿Qué lecciones te ayudaron a priorizar lo realmente importante?
- ¿Qué hábitos negativos has transformado en positivos y productivos?

Al observar tu progreso, puedes darte cuenta de algo increíble: lo que comenzó como un ejercicio diario se ha convertido en un cambio profundo y duradero en tu vida.

El Comienzo de un Nuevo Capítulo

Este no es el final; apenas estamos comenzando. Lo que hemos logrado juntos es solo el inicio de un nuevo capítulo lleno de oportunidades, ambición y renovación. Cada página que escribas, cada reflexión que hagas, es una oportunidad para expandir tus horizontes y atender áreas de tu vida que han esperado demasiado tiempo por tu atención.

¡Lo Lograste!

No fue magia ni coincidencia—fuiste tú quien hizo esto posible. Tú elegiste reflexionar, crecer y avanzar cada día. Y los cambios que has logrado no son superficiales; han transformado profundamente quién eres.

Un Año Lleno de Posibilidades

¿Qué logrará el nuevo tú durante el próximo año? ¿Qué aventuras te esperan en este camino que recién comienza? La única manera de saberlo es dar el siguiente paso, justo como hiciste al iniciar este libro. Cada día trae consigo una nueva oportunidad para continuar construyendo una vida llena de sentido, claridad y propósito.

Este es tu camino. Da el primer paso y sigue avanzando hacia todo lo que eres capaz de alcanzar.

¡GRACIAS!

Muchas gracias por darme la oportunidad de aportar algo positivo en tu vida. Espero que este libro te haya ayudado y te hayas sentido identificada o identificado en algunas partes. También espero que este libro te haya hecho reflexionar y que te haya llenado física, psicológica y espiritualmente. **¡Muchas gracias nuevamente!**

Te quiero pedir un pequeño favor. Yo no tengo una empresa grande ni tengo una empresa de publicación ayudando con el marketing de este libro. Yo escribí y produje este libro por cuenta propia. Por lo que te agradeceré muchísimo si me puedes dar un review en Amazon. Con tu review, este libro puede mejorar (o empeorar) su ranking en Amazon y ser más visible para que otras personas puedan encuentran este libro, y así ayudarlas a ellas también.

Para darme tu review, por favor escanea este código QR. Muchas gracias de antemano por tu apoyo.

Mauricio

www.ingramcontent.com/pod-product-compliance
Lightning Source LLC
Chambersburg PA
CBHW060416010526
44107CB00006B/712